SCÈNE VIIIe. & DERNIERE.

Les Acteurs précédens. ORPHISE, SOPHIE
& DORLY.

ORPHISE *à Dorly.* Oui, je fens bien
qu'il faut pardonner quelque chofe à la
franchife de fon âge. A cela près, il a
d'excellentes-qualités.

DORIMON *à Orphife.* Madame, je
viens d'engager ma parole au Chevalier.
Je vous prie de le regarder, dès ce mo-
ent, comme votre gendre.

SOPHIE (*à part.*) Ah ciel!

ORPHISE. Monfieur! ecoutez moi.

DORIMON. Ma parole eft donnée; je
ne veux plus rien entendre.

DORLY *à fon neveu.* J'avois raifon de
craindre quelque nouvelle imprudence.

ORPHISE *à Dorimon.* Monfieur, votre
parole fut d'abord donnée à Sélicourt,
fouvenez-vous-en, & confultez la reconnoiffance. Nous fommes redevables au
Marquis de la faveur que le Miniftre
vient de nous accorder.

DORIMON. C'eft au Chevalier; il me
l'a dit lui-même.

SÉLICOURT. A vous très-permis.

DORIMON *toujours avec humeur*. Eh !
si je veux avoir ici les lunettes de Platon,
sans y souffrir un seul de ses ouvrages ?

SÉLICOURT. Platon ne connoissoit pas
les lunettes.

DORIGNY. Il faut, pourtant, croire
qu'il avoit quelque chose d'équivalent,
ou bien il auroit cessé d'écrire plutôt.

SÉLICOURT. Comme il vous plaira ;
mais il n'avoit point de lunettes.

DORIMON *à Dorigny*. Chevalier ! ma
fille est à vous. Je ne veux pas d'un gendre qui me contrarie, même avant que
de l'être.

SÉLICOURT. Monsieur, daignez m'accorder Sophie, & ne point me consulter
sur vos antiques, je vous réponds d'une
paix éternelle.

DORIMON. Non, Monsieur, je veux
un gendre qui épouse & ma fille & mon
cabinet. D'ailleurs, j'ai trop d'obligations au Chevalier ; il travaille, en même
tems, & à satisfaire mes goûts, & à main-
tenir ma fortune.

DORIGNY *en s'inclinant*. Ah, Monsieur, tout ce que j'ai fait est bien peu de
chose.

VOYAGE

EN ALLEMAGNE

ET EN POLOGNE,

EN 1776.

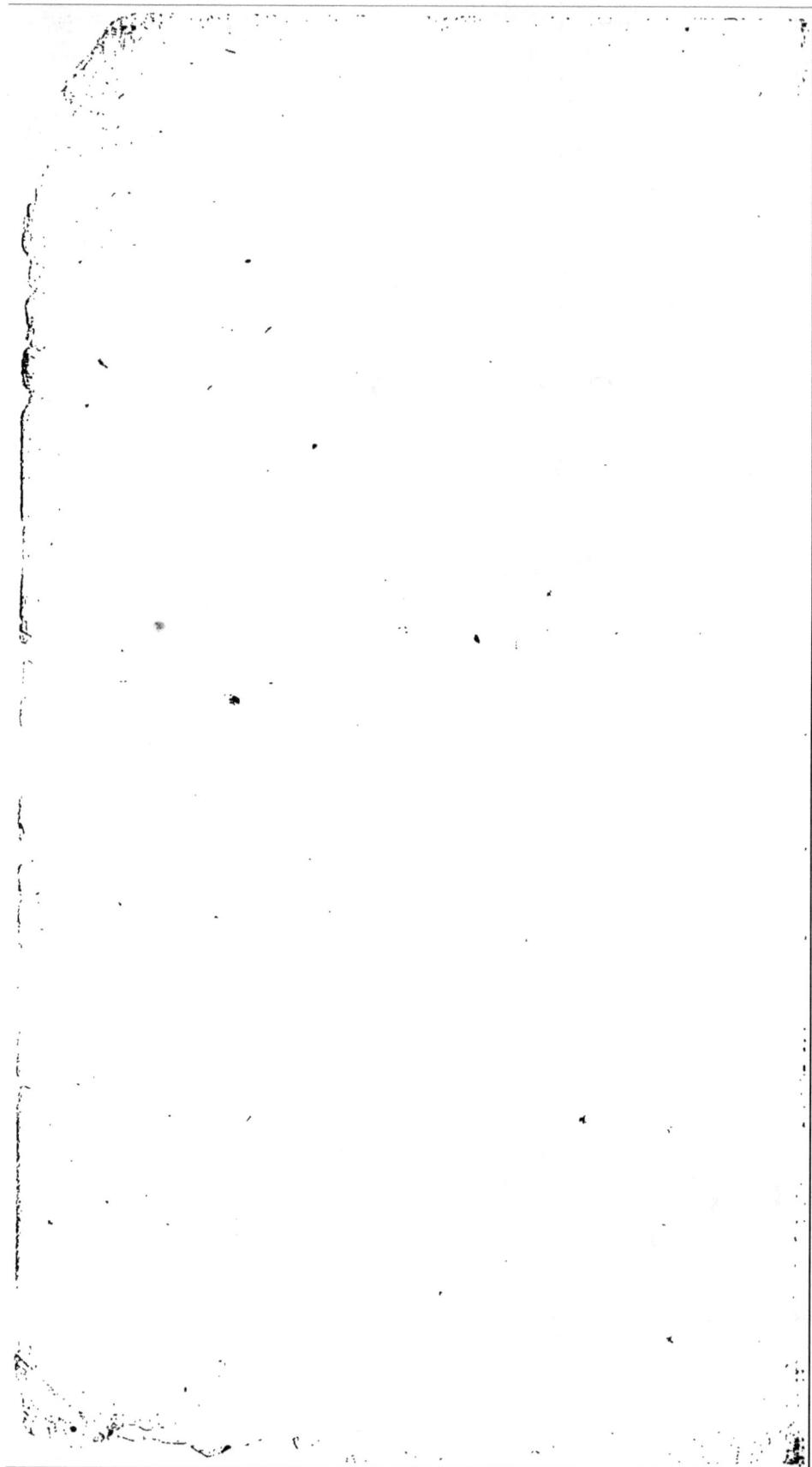

VOYAGE

EN

ALLEMAGNE

ET

EN POLOGNE,

COMMENCÉ EN 1776.

Par M. de L. S. M. A. S. D. P.

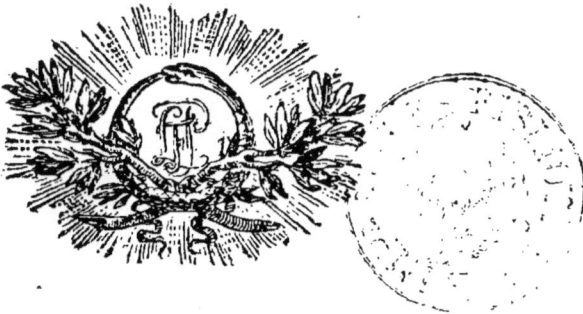

À AMSTERDAM,

Et se trouve À PARIS,

Chez PRAULT, Imprimeur du Roi, quai
des Augustins, à l'Immortalité.

1784.

VOYAGE
EN ALLEMAGNE
ET EN POLOGNE,
EN 1776.

LETTRE PREMIERE.

JE vous ai promis, mon cher, la
Relation détaillée de mon Voyage en
Po'ogne, la description des Villes remarquables par où je passerai, & le
récit des petites aventures, tantôt
agréab'es, tantôt fâcheuses, & insé-
parables de l'état de Voyageur. Mon
Journal fera exact; je desire qu'il vous
paroisse amusant.

Le Baron de Rullecour, Colonel
au service de Pologne, ayant obtenu

de notre Cour la permiſſion d'emmener avec lui un certain nombre d'Officiers François, n'a eu d'autre embarras que celui du choix, l'affluence ayant été prodigieuſe : car chacun veut ſervir ; & les emplois déjà très-rares par quinze ans de paix, le deviennent encore davantage aujourd'hui par la réforme d'une partie de la Maiſon du Roi, & des Régimens Provinciaux. Voilà le motif de notre voyage ; en voici les préparatifs. Un François établi en Pologne, s'eſt chargé de nous rendre à Cracovie, moyennant trois cents livres que chacun de nous lui a données d'avance. Il me paroît que la ſomme eſt bien petite pour une auſſi longue route. Cet homme a fait faire des chariots à dix places ; cinq petites planches un peu rembourrées nous ſervent de ſiége ; elles ſont ſuſpendues à l'impériale, qui a pour toute cou-verture une toile cirée. L'attelage répond merveilleuſement à la voiture ;

il eſt compoſé de deux chevaux réfor-
més de Fiacres vétérans. Nous ſommes
cinquante Officiers diviſés en cinq
équipages ſemblables ; jamais Comé-
diens de campagne n'en ont eu de plus
groteſque : auſſi faiſons - nous foule
quand nous arrivons quelque part.
J'oubliois de vous dire que nos voitures
partent à huit jours d'intervalle l'une
de l'autre, pour éviter la confuſion , &
l'embarras des gîtes , ſur-tout dans les
petites Villes d'Allemagne. Notre Entrepreneur eſt à Paris ; il en partira
quand nous ſerons tous ſortis de
France ; il conduira nos gros équipages : car nous n'avons avec nous
qu'un porte-manteau pour le courant.
Chaque diviſion eſt toujours comman-
dée par l'Officier du plus haut grade ,
& par un Officier de Police qui change
tous les jours à tour de rôle. L'emploi
de ce dernier eſt de faire la dépenſe
journaliere. Elle eſt fixée à trois livres
par jour pour chacun de nous, hommes

& chevaux. On prétend que nous pourrons économiſer en Allemagne, ce que nous aurons dépenſé en France au-delà du tarif. Notre route eſt marquée par ſtations, & chaque Chef de diviſion doit y toucher l'argent néceſſaire pour arriver de l'une à l'autre. Ces ſtations ſont *Straſbourg*, *Nuremberg*, *Prague*, *Breſlaw*, &c. Tous les cinq jours, nous en avons un de repos, & c'eſt celui que je choiſirai pour vous écrire. Je commence de Nanci, où nous ſommes arrivés hier au ſoir, aſſez à bonne heure pour aller à la Comédie; la ſalle eſt charmante, le ſpectacle étoit brillant, & les Acteurs fort médiocres.

J'ai couru tout le jour par la Ville. Je n'en connois point de mieux bâtie; elle a été cédée à la France par le Traité de Vienne de 1736. Elle eſt ſur la Meuſe, & fut long-temps le ſéjour des Ducs de Lorraine; leurs tombeaux ſont dans l'Egliſe des Religieux de

Saint François. Dans celle de Saint-Roch, on voit le maufolée de *Sta-niflas Lezinski*, Roi de Pologne, mort en 1766; il eft fculpté par *Sentkfen.* On y lit ces quatre vers :

» Il n'eft point de vertus que fon nom ne rappelle :
» Philofophe & Guerrier, Monarque & Citoyen,
» Son génie étendit l'art de faire du bien;
» Charles * fut fon ami, & Tra an fon modele «.

On dit que le féjour de Nanci n'eft pas fain. Son Parlement & fon Evêché font de nouvelle création.

La Place Royale eft fuperbe ; elle eft entourée d'édifices régulièrement bâtis, & fermée par des grilles de fer d'un travail exquis : on y voit au milieu, la ftatue de Louis XV.

Mais vous voudriez peut-être que je vous fiffe part de mon Journal depuis Paris jufqu'ici; quelque peu intéreffant qu'il foit, je vais vous le tranfcrire.

Meaux, à dix lieues de Paris, a

---

* Charles XII, Roi de Suede.

de remarquable, au palais épifcopal,
une cour immenfe, & un efcalier fans
marches. Dans l'Eglife cathédrale, une
colonne de marbre, furmontée d'une
coupe qui renferme le cœur du célebre
Louis de l'Hôpital. Voilà tout ce que
j'ai à vous dire de cette capitale de la
Brie. Vient après Châlons-fur-Marne,
dont l'Evêché a le titre de Comté-
Pairie. L'Hôtel-de-Ville eft fort beau;
& la promenade qui conduit au *Jard*,
maifon de plaifance de l'Evêque, eft
charmante. On prétend que c'eft aux
environs de Châlons que Mérovée dé-
fit Attila, avec toutes fes forces, en
452.

La petite Ville de Vitri-le-Fran-
çois *, que nous avons traverfée, eft
bien bâtie; fes fortifications font en
terre : elle fervoit de quartier aux

---

* Du nom de François Premier, qui la fit bâtir
après le faccagement de *Vitri-en-Perthois*, par les
troupes de Charles-Quint, en 1544.

Grenadiers à cheval, avant que cette troupe de Héros fût réformée. On compte vingt lieues de Vitri à Toul, premiere Ville de guerre fur notre route, & le plus grand diocèfe du Royaume ; on y comptoit dix-fept cents paroiffes avant le démembrement qu'on a fait pour compofer l'Evêché de *Nanci*. On l'appelloit autrefois *Toul la Dorée*, parce que fes murs étoient entourés d'un cordon doré. A fes fortifications près, qui font du Maréchal de Vauban, je n'y ai rien vu de bien remarquable.

Demain nous quittons Nanci, & je vous quitte à préfent, mon cher, pour aller prendre quelques heures de repos ; car nous partirons de grand matin. Je fuis, &c.

A Nanci, le 20 *Janvier* 1776.

❧

LETTRE II.

Sı l'Entrepreneur de notre voyage, mon cher Ami, eſt en arriere avec les autres diviſions comme il l'eſt avec la nôtre, c'eſt un homme ruiné. Nous devions partir de Straſbourg le ſur-lendemain de notre arrivée; nous y ſommes depuis trois ſemaines à ſes frais, & nous n'avons reçu que par le courier d'hier, l'argent qu'il nous faut pour arriver à Nuremberg. De-main à la pointe du jour, nous ſerons en route; mais je ne pars point ſans vous faire part de mon Journal, depuis la Lettre que je vous écrivis de Nanci. Nous en partîmes le 21, nous cou-châmes le même ſoir à *Luneville*, an-cienne réſidence du feu Roi Staniſlas. Elle eſt jolie; le palais reſſemble un peu à celui du Luxembourg; il ſert à préſent de caſernes au Corps de la

Gendarmerie. Rien de plus beau que ſes jardins; le Roi de Pologne en parcouroit ordinairement les allées dans un char ſans attelage, qui recevoit le mouvement par le moyen d'un rouage, & qu'il dirigeoit à ſon gré avec une cheville. Phalſbourg & Sarrebourg, que nous ne fîmes que traverſer, ſont bien fortifiés. Saverne n'eſt renommé que par le ſuperbe château qu'y ont les Evêques de Straſbourg. Ces deux Villes ſont à cinq lieues d'éloignement. Enfin, nous arrivâmes le 25, dans la capitale de l'Alſace. Cette Ville eſt une des plus grandes & des mieux fortifiées du Royaume. Sa garniſon eſt la plus nombreuſe. Elle eſt toujours compoſée en temps de paix de quatre ou cinq régimens d'Infanterie, deux de Cavalerie où de Dragons, & un d'Artillerie.

Elle fut long-temps Ville Impériale; elle eſt ſur l'Ill, & fort proche du Rhin; elle ſe rendit au Roi en 1681,

& lui fut cédée par la treve de 1684, & par la paix de Ryfwik en 1697. On lui a confervé la plupart de fes priviléges. Ses fortifications font un des chefs-d'œuvre de M. de Vauban ; la place d'armes eft peut-être la plus belle de l'Europe. Les Bourgeois & les Militaires ont féparément un Hôpital fuperbe & très-bien renté. L'Eglife cathédrale eft fort ancienne & très-belle ; fon clocher eft l'ouvrage d'ar-chitecture le plus hardi qu'on puiffe voir ; il eft d'une hauteur prodigieufe, & tout percé à jour comme une den-telle. On voit dans une chapelle une horloge dans le genre de celle de Saint Jean à Lyon. Elle n'a pas été montée depuis long temps. Je crois que cette merveille du fiecle paffé n'en feroit point une dans celui ci, où l'art de l'Horlogerie a é é pouffé au fu-prême degré. On pourroit en fimpli-fier les machines, & donner plus de durée aux refforts. Elle marquoit l'ère, les mois, les femaines, les jours, les heures, les minutes, les fecondes, la marche du foleil, les phafes de la lune, &c. Les cendres du fameux Maréchal de Saxe repofent dans le temple de Saint Thomas. Je ne vous fais point la defcription de fon tombeau; vous l'avez vu à Paris chez fon Auteur, M. *Pigalle.*

L'Evêque de Strafbourg eft le plus riche du Royaume. Il eft Prince du Saint-Empire comme Landgrave d'Alface, & poffede en fouveraineté des terres en-deçà du Rhin. Il eft fuffragant de Mayence. Le Prince Louis de Rohan eft le quatrieme Evêque de fa famille.

Nous n'avons pas été très-fâchés d'avoir fait ici un plus long féjour que nous ne l'avions attendu. Chacun de nous a trouvé quelque connoiffance dans les Officiers de la garnifon. Nous avons profité de toutes les fêtes du carnaval. Je vous affure que fortant,

pour ainfi dire, du bal de l'Opéra;
quand je fuis parti de Paris, ceux de
Strafbourg ne m'en ont pas moins paru
très-agréables. On les donne à la falle
de fpectacle; on y danfe du foir jufqu'au matin, bien différens en cela de
ceux de l'Opéra, où on paffe ordinairement la nuit à courir dans la falle,
& qui reffemblent plutôt à une affemblée de mafques qu'à un bal. Auffi les
Etrangers s'y ennuient beaucoup; il
n'y a que ceux qui font au fil des
aventures du jour, qui puiffent les
trouver amufans.

Comme il ne va guere au bal d'autres hommes que des Militaires, la
variété des uniformes, & la parure
des Dames, offre le coup-d'œil le plus
charmant. On ne danfe communément
que des valfes, parce qu'elles occupent
beaucoup de monde, dans le même
temps. On voit toujours dans ces bals
quantité de Princes Allemands, que
les plaifirs du carnaval raffemblent à

Strasbourg. Il y auroit assurément beaucoup plus de choses à vous dire de cette Ville, que ce que j'en fais; mais il faudroit pour cela avoir plus de vingt ans, ou n'y être pas venu en carnaval. Je finis, mon cher, en vous assurant que personne n'est plus que moi, votre Ami, B.

De Strasbourg, le 18 Février 1776.

LETTRE III.

Enfin, mon cher Ami, nous voici dans les aventures jufqu'au col. Mais pour ne point anticiper fur les événemens, je reprends mon Journal à la fortie de Strafbourg, d'où nous partîmes le 19 Février pour aller coucher à un quart de lieue de cette ville; c'eft-à-dire, que nous n'eûmes qu'à paffer le Rhin, fur un pont d'une longueur prodigieufe, & nous nous trouvâmes à Kelh, premiere place allemande. Ce pont eft en bois; le plancher eft mobile, & compofé de poutrelles affemblées l'une contre l'autre, & pofées tranfverfalement, de forte qu'en moins d'une heure, on pourroit jetter le pont dans le Rhin. Ce fleuve a la plus grande partie de fon cours du midi au nord, contre l'ordinaire des grandes rivieres d'Allemagne, qui vont d'occident en orient. Il porte dans quelques endroits, ainfi que le Danube, un limon chargé d'or. Quand anciennement un Gaulois ne fe croyoit pas le pere de l'enfant dont accouchoit fa femme, il le jettoit dans le Rhin : fi le nouveau né furnageoit, il l'en retiroit avec toute la tendreffe paternelle ; fi malheureufement il alloit au fond, il l'y laiffoit, & c'étoit une preuve fuffifante de l'infidélité de fon époufe. Les Germains aujourd'hui font moins barbares, & ils s'en tiennent bonnement à la Loi : *Pater eft quem nuptiæ demonftrant.* Kelh, autrefois très-renommé par fon fort, ne l'eft plus à préfent que par des guinguetes, où les Officiers de Strafbourg vont faire des parties fines. Le Margrave de Bade Dourlac en eft Souverain. Ce Prince demeure ordinairement une faifon à Raftad, jolie petite Ville où nous fûmes en partant de Kelh. Elle eft dans la Suabe, & fur la riviere de

Murg. C'eft-là que fe fit le traité de paix entre l'Empereur & la France en 1714. Le château du Margrave eft un des plus beaux d'Allemagne. Nous demandâmes à le vifiter ; un efpece nous conduifit par-tout. J'admirai en-tr'autres une Galerie de la plus grande beauté par fa décoration. Elle eft d'une longueur médiocre. Mais au lieu de ftatues, de bronzes dorés , de tableaux, &c. les murs font revêtus de trophées que le fameux Louis de Bade a rem-portés fur les Turcs en plufieurs occa-fions. Ici, c'eft la felle d'un Grand-Vifir ; là eft un faifceau de fabres. Plus loin font des queues de cheval, &c. Il faut convenir que beaucoup de grandes maifons feroient en peine de meubler ainfi un très - petit appar-tement.

De Raftat à Onfpach ou Anfpach, nous ne vîmes rien de remarquable. Cette ville eft là capitale du Margra-viat de ce nom. Le Margrave d'Anfpach l'eft auffi de Bareith * & de Curlembach; il eft de la maifon de Brandebourg. Madame la Margrave eft née Princeffe de Saxe – Saalfeld. Ils n'ont point de poftérité.

Mademoifelle Clairon, dont les ta-lens ont fait les délices de la France, joue un grand rôle à la Cour d'Anf-pach. Elle fut le Mentor du Prince régnant, lorfqu'il vint pour la premiere fois à Paris : elle le captiva par les charmes de fon efprit ; de forte que ne pouvant plus s'en paffer, il l'enga-gea à le fuivre dans fes Etats, lorfqu'il feroit obligé d'y retourner. Il lui offrit un fort brillant, qu'elle a accepté, à des conditions qui lui font le plus

---

* Le Roi de Pruffe avoit confenti à la renoncia-tion de ces Etats, en cas que le Margrave mourût fans enfans. Cependant par le traité de Stad-Techen , en 1779 , il s'eft fait déclarer habile à cette fucceffion ; & il l'a eue effectivement par la mort du Prince Chriftian-Frédéric , Margrave d'Anfpach , arrivée en 1782.

grand honneur, & qui lui ont valu les bonnes graces de Madame la Margrave.

Il ne nous a fallu qu'un jour de marche pour aller d'Onfpach à Nuremberg; nous nous attendions, en y arrivant, d'y trouver l'argent qu'il nous falloit pour continuer notre route. Après avoir inutilement attendu quinze jours, nous avons appris que l'Entrepreneur de notre voyage a laiffé en dépôt dans la premiere ville d'Allemagne, tous nos équipages, & qu'il s'eft enfui du côté de la Pruffe. J'avois bien prévu qu'il ne pourroit jamais fe tirer d'affaire, s'il n'obfervoit le plus grand ordre, & vous avez vu combien il nous a laiffé à Strafbourg. Il auroit dû fi bien combiner les chofes, que chaque divifion pût partir le fur-lendemain de fon arrivée dans les ftations défignées. Enfin, nous n'avons plus d'efpoir de ce côté; & nous irons en Pologne à nos frais, fi nous perfiftons à faire ce voyage : nous avons déjà éprouvé en cette ville les plus grands défagrémens poffibles.

Si tôt que la banqueroute de notre Entrepreneur a été fçue, l'Hôte chez qui nous fommes, nous a préfenté fon petit mémoire; il montoit à fept cent & quelques livres. Nous lui avons demandé quelques heures pour concerter entre nous la forme de ce payement; car n'ayant plus de fonds en commun, il falloit que chacun payât fa cotte-part. L'Hôte parut fe contenter de nos raifons. Mais nous n'étions pas encore tous affemblés, qu'une efpece de Valet-de-ville vint de la part du Bourguemeftre, nous intimer l'ordre de payer tout-de-fuite, ou de garder les arrêts jufqu'à entier payement. Nous fûmes indignés avec raifon, d'un pareil procédé : & nous mîmes affez brufquement à la porte le Meffager fâcheux du Magiftrat, & l'Hôte qui l'avoit introduit chez nous, & nous ache-

vâmes tranquillement nos comptes *.
Nous étions dix Officiers ; il en com-
pétoit trois louis pour chacun , y
compris la dépenſe des chevaux & des
gens. Nous décidâmes qu'il falloit d'a-
bord vendre notre voiture & le fameux
attelage. Nous eûmes vingt florins du
tout (à peu-près cinquante livres) ;
de ſorte que la vente de notre équipage
paya à-peu-près la dépenſe du jour , les
frais de l'enchere , les étrennes , &c.

Six de nos camarades étoient ſans
le ſol ; nous étions quatre qui avions
quelques louis : nous en offrîmes douze
pour notre part. L'Hôte les refuſa ,
diſant que nous étions ſolidaires les
uns pour les autres. Plainte au Bourguemeſtre , qui nous condamna. Sa
ſentence portoit , que ſi dans trois
jours tout n'étoit pas payé , nous ſerions tous traduits en priſon , juſqu'à

---

* Cet honnête Aubergiſte eſt celui du Coq-Rouge ;
Roth Hahu.

ce que l'Hôte fût entièrement fatisfait.
En vain repréfentâmes-nous qu'il nous
falloit bien plus de temps pour recevoir les fecours que chacun de nous
avoit demandés à fes parens ; qu'il
pouvoit juger par nos paffeports que
nous n'étions point des aventuriers , &
que notre fituation étoit déjà affez
malheureufe, fans qu'il l'agravât encore
par un jugement auffi dur , & qui
pourroit paroître même injufte, quand
nous en porterions nos plaintes à notre
Cour. Ce grave Magiftrat, la pipe à
la bouche, nous répondit, que dans
fa jeuneffe, il avoit voyagé en France;
qu'on l'avoit mis en prifon , pour
quelques dettes qu'il avoit faites , &
qu'ainfi nous ne devions pas être éton-
nés de la repréfaille. Convenez, mon
cher, que cette peine du talion étoit
bien juftement appliquée ! En vérité ,
je ne comprends pas comment un
Magiftrat peut appuyer fon jugement
de raifons auffi pitoyables, ou com-

ment un Corps de ville peut élire un pareil Magiftrat !

Nous retournâmes chez nous, ébahis de ce jugement ; & après avoir bien confidéré toutes chofes, nous payâmes le mémoire en entier. Cette dépenfe nous conduifit à une autre. Nous ne pouvions pas laiffer nos camarades fans le fol, nous leur donnâmes quelques louis, & la fociété fut diffoute de cet inftant. Ces Meffieurs font partis comme ils ont pu, les quatre payans font reftés enfemble. Vous imaginez bien que nous avons quitté cette maudite auberge ; nous en avons trouvé une toute auffi bonne, & où il nous en coûte moins cher. Nous y attendrons qu'il nous arrive des fonds de France ; car ce qui nous refte ne nous meneroit pas bien loin. Comme nous fommes ici depuis déjà long-temps, je connois affez la viile pour vous faire part de ce qu'elle a de remarquable.

La ville de Nuremberg eft impériale ; elle eſt dans la Franconie & ſur le Preignitz, qui la coupe en deux parties ; il y a pluſieurs ponts ſur cette riviere, dont un, d'une ſeule arche, a près de cent pieds d'étendue ſur cin-quante de largeur.

Il y a peu de villes en Allemagne qui ſoient plus grandes ; les rues ſont d'une propreté ſurprenante. Les mai-ſons. ſont peintes en-dehors ; l'intérieur en eſt commode : mais on n'habite point les rez de-chauſſée ; les meubles en général ſont peu riches.

Les Nurembergeois donnent tous les ans, à ceux de Francfort, un carroſſe attelé à ſix puces. Ce n'eſt point à titre de cens ; mais par reconnoiſſance de ce qu'aux approches de la fameuſe foire de Francfort, ceux de cette ville envoient un détachement de leurs Gardes Bourgeoiſes, au devant de ceux de Nuremberg, qui courroient le riſque, ſans cette attention, d'être détrouſſés par les voleurs qui s'y raffemblent principalement à cette époque.

L'hôtel-de-ville, & quelques temples, font d'une affez belle architecture. D'ailleurs, il y a peu d'édifices remarquables. On garde ici les ornemens qui fervent au facre des Empereurs. La bibliotheque publique eft très-belle. Le tour des lices eft une promenade fort gracieufe. Les fortifications confiftent en un mur de maçonnerie flanqué de tours quarrées, un foffé fec dans lequel on entretient des daims, & un glacis.

Le château, qui eft à l'extrémité de la ville fur une hauteur, a pu être formidable dans le temps où l'élévation des murs étoit le plus grand moyen de défenfe que l'on pût oppofer à des affiégeans; mais à préfent il n'eft remarquable que par fon ancienneté. Il fut autrefois le féjour de quelques Empereurs; il l'eft à préfent du Commandant des troupes de la ville,

ville , ou, pour mieux dire, du guet.

Dès que les Ecoliers fortent de l'Univerfité, ils vont en troupe, chanter fous les fenêtres des auberges & des principales maifons. Cet ufage eft général en Allemagne. Ces efpeces de concert ne font pas fans agrément ; chacun y chante fa partie : ils ont tous de l'oreille & de la voix. Les Allemands feroient ils conformés différemment de nous ? ou pourquoi font-ils toujours en mefure, fans qu'ils aient befoin de ce que nous appellons en France un Maître de cérémonie, qui, par fes contorfions, & le bruit du papier roulé dont il marque les cadences, diftrait toujours les auditeurs, & n'empêche pas qu'il ne parte fouvent de l'orcheftre des fons difcordans, & que ceux qui chantent ne foient pas toujours dans le ton avec les inftrumens ?

Ma Lettre eft déjà bien longue ;

B

comme j'aurai pourtant encore bien
des chofes à vous dire, vous en aurez
la fuite à l'ordinaire prochain.

Je fuis, &c.

LETTRE IV.

JE viens d'affifter, mon Ami, au convoi d'un Bourguemeftre. Bourguemeftre pour Bourguemeftre, autant auroit-il valu que ce fût ce digne Magiftrat à qui nous avons tant d'obligations. Celui que nous venons d'enterrer, étoit généralement eftimé. Le Corps de Ville, en habits de cérémonie, & la moitié des Habitans, accompagnoient proceffionnellement le convoi, tandis que l'autre moitié le voyoit paffer. Il arriva par une marche très-lente au cimetiere. Ce lieu eft fpacieux; il eft parfemé de monumens en relief qui renferment les offemens des riches, les pauvres n'ont qu'une croix de fer ou de bois à l'endroit de leur fépulture. C'eft ainfi que l'oftentation accompagne les hommes, même au-delà du trépas. Tous ceux du

convoi avoient un citron à la main ;
j'imagine que c'étoit par précaution
contre la puanteur d'un cimetiere. Le
corps dépofé dans le monument qui
lui étoit deftiné, un Miniftre monta en
chaire, & fit le panégyrique du défunt,
C'eft l'ufage.

Le Bourguemeftre eft le Magiftrat
fouverain de la ville, & le Chef du
Confeil. Il change tous les mois. Une
adminiftration interrompue douze fois
l'année, ne paroît point propre à exé-
cuter aucun projet en grand, foit pour
l'embelliffement de la ville, foit pour
l'utilité publique. Auffi ces Magiftrats
ne donnent guere leur foin qu'aux
affaires de détail. La police eft à-peu-
près leur plus grand objet de follici-
tude ; & quoique je femble payé pour
n'en pas dire tout le bien poffible,
j'avoue pourtant, d'après la voix publique, qu'elle eft bien obfervée.

La Religion du pays eft celle de
Luther ; les Catholiques n'ont que la

moitié d'une petite églife, que je crois appartenir à l'Ordre Teutonique. Les Calviniftes font obligés d'aller fur les terres du Margrave d'Anfpach, pour fuivre le culte de leur Religion. Les Juifs habitent un bourg aux environs de Nuremberg; quand ils y viennent, ils payent à la porte un droit de péage; mais ils n'y peuvent pas coucher, non plus que les Officiers & Soldats Recruteurs des Princes d'Allemagne, qui ont un dépôt de recrues à un mille de la ville. Je fuis intimement lié avec le Chevalier de Pich, Officier du dépôt pruffien; il eft de la famille d'un fameux Taćticien de ce nom, aćtuellement Colonel au fervice de France (*M. de la Mark*).

Hier nous fîmes un petit voyage à Margenthein , chef - lieu de l'Ordre Teutonique, qui a pour Grand-Maître le Prince Charles * de Lorraine , Gou-

* Depuis la mort du Prince Charles , l'Archiduc Maximilien eft Grand-Maître de cet Ordre.

verneur des Pays-Bas. Cette petite
ville n'offre rien de remarquable. On
dit que la premiere diete de l'Empire
s'y eſt tenue en 938, ſous le regne de
Charles IV. Nous avions été précé-
demment à Erlang, autre petite ville
dans les terres du Margrave d'Anſ-
pach ; mais jolie, & bien bâtie : preſque tous ſes Habitans ſont François
d'origine ; ce ſont les enfans de ces
infortunés, qui furent obligés de quitter leur patrie par la révocation de
l'Edit de Nantes. Ils ſont encore, j'oſe
le dire, tous François dans le cœur.
» Ils ne perdent pas l'eſpoir, me dit
» un vieillard du pays, que le Dieu
» tout-puiſſant inſpirera à Louis XVI
» l'idée de révoquer cet Edit, ſurpris
» à la religion de Louis XIV, & dont
» les ſuites ont été ſi funeſtes à la
» France «. Cependant la choſe paroît
bien difficile ; car ſi la différence de
Religion n'étoit plus un obſtacle in-
ſurmontable, il s'en trouveroit un, ce

me femble, en bonne politique; ce feroit celui de la reftitution de leurs biens, qui entraîneroit un bouleverfement général dans les fortunes, par la ruine de plufieurs familles Catholiques propriétaires depuis long-temps, les unes par acquifition, les autres par ceffion du Souverain. Et quelle juftice, quelle conféquence y auroit-il d'ailleurs à faire rentrer les Proteftans dans tous les droits de Citoyens, & de les priver en même temps du recouvrement des biens légitimement acquis par leurs ancêtres ? Le feul moyen d'accommodement, ce feroit une ceffion volontaire de leur part, & ils feroient volontiers ce facrifice pour rentrer encore fous la domination Françoife, tant. » à tous les cœurs » bien-nés, la patrie eft chere « !

D'Erlang nous revînmes à Anfpach, pour y voir la Comédie. Nous affiftâmes à la repréfentation du Pere de Famille de M. Diderot. Nous ne fa-

B iv

vions pas affez l'allemand , pour pouvoir juger du jeu des Acteurs , autrement que par la pantomime ; & elle
ne nous parut pas merveilleufe. Cette
Piece , fi attendriffante fur nos Théâ-
tres , fut ici très-rifible pour nous. Le
mot de *Papa*, que l'on fubftitua par-
tout , & je ne fais pourquoi, à celui
de *Pater*, qui eft la véritable traduc-
tion de *Pere*, nous faifoit rire aux
larmes , quand nous l'entendions pro-
noncer par l'Acteur chargé du rôle de
Saint-Albin. C'étoit un grand garçon
très-gauche , qui faifoit des contorfions
& des grimaces comme un énergu-
mene , & que l'on pouvoit à peine
entendre à caufe des applaudiffemens
qu'on lui prodiguoit. Nous crûmes un
inftant que c'étoit par dérifion ; mais
nous fûmes convaincus du contraire
par les fanglots dont retentit bientôt
la falle. Son *Papa* pouvoit n'être ri-
fible que pour des oreilles Françoifes ;
mais fa gaucherie , mais fes gri-

maces !. . . . . . Je n'ofe croire que ce
foit là le bon goût allemand ; j'aime
mieux me perfuader que l'on applau-
diſſoit plutôt la Piece , que l'Acteur.
Quoi qu'il en fût, nous fcandalisâmes
beaucoup toute la Cour, par nos éclats
de rire ; car en nous moquant des
Acteurs, ne faifions nous pas la fatyre
des fpectateurs, qui applaudiſſoient de
fi bonne foi ? Je conviens que cela
n'eſt point du tout honnête chez les
Etrangers. Auſſi cette réflexion, que
j'ai faite un peu trop tard, me rendra
dorénavant plus circonfpect.

Vous m'annoncez par votre Lettre
que mon pere m'envoie des fonds pour
continuer ma route ; ils ne font point
encore arrivés : je les attends avec
grande impatience ; car nous touchons
à nos dernieres pieces.

Je fuis , &c.

LETTRE V.

J'AI reçu, mon cher, l'argent que m'a envoyé mon pere ; ces peres comptent toujours trop juste. Je n'en aurois peut-être pas eu assez pour arriver au terme de mon voyage , quand même je n'aurois pas eu de petites dettes à payer avant mon départ.

Les parens de mes trois camarades font encore plus en retard que les miens. Ils n'ont jusqu'ici reçu aucune nouvelle. Cependant nous allons partir, graces à la générosité d'un Gentilhomme François établi à quelques lieues d'ici. Mais je veux vous faire parcourir la chaîne des événemens qui nous ont procuré cette bonne fortune.

Nous étions tous les quatre à faire tristement un reversi, à la suite d'un

Pharaon *, où nous avions perdu à-
peu-près tout ce qui nous reſtoit d'argent, dans l'eſpoir de faire reſſource.
(Oh! le mauvais parti!) On frappe à
notre porte : je l'ouvre. Un homme
aſſez bien mis me demande s'il a l'honneur de parler aux Officiers François
qui alloient en Pologne ; lui ayant
répondu que c'étoit nous-mêmes, il
entre. Il fouille long-temps dans ſes
poches, ſans trouver ce qu'il paroiſſoit
chercher. » Que je ſuis étourdi, s'é-
» crie-t-il! J'ai oublié, ou perdu la
» Lettre que vous écrivoit mon Maî-
» tre...... Mais j'en ſais le contenu ;
» car il me l'a lue avant de la cache-
» ter, pour que je puſſe répondre aux
» queſtions que vous pourriez me faire ;
» & je puis vous aſſurer, Meſſieurs ,
» qu'il m'honore de toute ſa confiance «.

* Dans les auberges des villes conſidérables d'Allemagne , il y a une banque de Pharaon, où les
Errangers trouvent à ſe défaire du ſuperflu de leur
argent. C'eſt toujours un moyen infaillible.

Nous l'invitâmes à s'asseoir ; & il nous
dit : » Je m'appelle Bertin ; je suis
» Valet-de-Chambre de M. le Baron
» de T. qui a été obligé de quitter la
» France, pour une affaire d'honneur.
» Il est fort riche ; il a joué autrefois
» un rôle très-distingué à la Cour du
» Margrave de Bareith, qui l'aimoit
» beaucoup : depuis la mort de ce
» Prince, il s'est retiré dans des terres
» qu'il a achetées aux environs d'ici,
» & a fait un très-grand mariage. M.
» le Baron est encore plus généreux
» qu'opulent. Il a appris vos malheurs ;
» il y est sensible autant que le seroient
» vos plus proches, & il vous offroit
» par sa Lettre, son crédit dans ce
» pays, & l'argent que vous croirez
» nécessaire, soit que vous veuillez
» continuer votre route, ou que vous
» préfériez de retourner en France.
» D'ailleurs, M. le Baron vous invi-
» toit à ne prendre aucun souci sur
» l'époque du remboursement. Ce sera

» à votre plus grande commodité. Il
» doit venir dans la femaine, toucher
» mille louis que lui ont envoyé les
» Fermiers des terres qu'il a encore en
» France, & il fe propofe de vous
» faire alors de vive voix, l'offre de
» fes fervices. Quant à moi, Meffieurs,
» qui connois fa bonne volonté, je
» prends la liberté de vous exhorter
» à ne pas faire des façons avec lui,
» & à le regarder comme votre pere;
» il n'a pas de jouiffance plus flatteufe
» que celle d'obliger : il eft connu
» pour tel dans tous les environs ».
Jugez de notre étonnement à des
offres auffi obligeantes & auffi effentielles. Nous demandâmes l'adreffe du
Baron : nous voulions le prévenir, &
lui témoigner toute notre reconnoiffance d'un procédé fi généreux. Le
fieur Bertin nous arrêta ; il nous dit
que M. de T. avoit bien prévu que
nous demanderions à aller chez lui ;
mais qu'il nous faifoit prier de n'en

rien faire, ayant de très-fortes raifons pour nous demander cette grace. Alors Bertin faifant l'important, nous dit fur le ton de la confidence, & à demi-voix, que Madame la Baronne n'avoit pas autant de plaifir à obliger que fon mari, & qu'elle n'aimoit pas trop ceux de notre Nation. Nous n'infiftâmes pas davantage, & nous admirâmes encore la bifarrerie du fort qui avoit lié deux perfonnes de caracteres fi différens. Comme cet agréable Mef-fager nous dit qu'il ne partiroit que le lendemain, ayant tout plein de com-miffions à faire pour fon maître, nous le priâmes de s'arrêter à notre au-berge, & nous recommandâmes à nos gens (nous avons deux Domeftiques) de le régaler de leur mieux. Il ne fe fit guere prier; & il fut d'abord fe rafraîchir avec d'excellent vin du Rhin, dont un Bourgeois de Nuremberg nous avoit donné quelques bouteilles. Nous fûmes écrire une Lettre de re-

mercimens au Baron; nous la donnâmes au fieur 'Bertin, qui ne partit
que le lendemain, après avoir bien
dîné.

Dans l'intervalle du temps auquel
on nous avoit fixé l'arrivée du Baron
de T. nous prîmes des renfeignemens
fur le compte de ce François. Toutes
les perfonnes à qui nous nous adref-
sâmes furent d'accord fur leurs ré-
ponfes. Ce Gentilhomme joignoit au
caractere le plus généreux, les moyens
d'en fuivre l'impulfion. Chacun avoit
une hiftoire à ajouter en preuve. Enfin arrive ce jour fi défiré, où nous
devions voir notre Libérateur, & le
Baron ne paroît point. Il ne paroît
pas davantage le lendemain; la femaine entiere paffe, & il n'eft pas encore venu. Nous attribuons ce retard
au dérangement de fa fanté ; nous lui
envoyons un de nos gens, avec une
Lettre dans laquelle nous lui faifons
part du fujet de notre inquiétude, &

nous lui difons que nous aurions volé vers notre bienfaiteur, fi nous n'avions été arrêtés par la crainte de lui déplaire. M. de T. habite une de fes terres, à dix lieues de Nuremberg, dans le Margraviat d'Anfpach. Nous recommandons à notre Domeftique de faire la plus grande diligence. Dans les vingt-quatre heures, il nous rapporte la réponfe. M. le Baron témoigne dans fa Lettre, le plus grand étonnement de la hardieffe de Bertin, qui a pris fous fon bonnet tout ce qu'il nous a dit de fa part; que cet homme étoit un Déferteur François qu'il avoit hébergé pendant quelque temps, & qui avoit difparu de chez lui à l'époque où nous l'avions vu. Il finit en nous témoignant toute la part qu'il prend à nos malheurs, & fes regrets de ne pouvoir nous être d'aucune utilité dans les circonftances. Quelle réponfe, en comparaifon de celle que nous attendions ! Cependant

comme nous avions mis tout notre
espoir en M. de T. nous ne pouvions
nous décider à le perdre tout-à-coup.
Ce que nous dit notre Domestique de
l'air d'aisance qui régnoit dans sa maison, de l'affabilité dont il l'avoit reçu,
joint à tout ce que nous avions entendu dire de lui, nous fit prendre la
résolution d'aller lui faire une visite.
Je fus député avec un de mes camarades. Rien au monde n'est plus humi-
liant que de demander à emprunter de
l'argent, à quelqu'un dont on n'est pas
connu : mais comme il étoit déjà au
fait de notre situation par la Lettre
que nous lui avions écrite, il nous en
coûta moins de faire cette démarche.
Au surplus, l'accueil que nous en re-
çûmes étoit bien fait pour nous rassu-
rer. M. le Baron pénétra aisément le
motif de notre voyage ; il nous fit
ses excuses de n'avoir pu nous obliger
comme il l'auroit désiré. Mais il avoit
été effrayé par le nombre, imaginant

que notre divifion étoit encore com-
plette. Quand nous lui eûmes dit que
nous n'étions que quatre Officiers, &
qu'ayant réfolu de paffer par Vienne,
nous ne demandions que l'argent néceffaire pour arriver en cette ville, il
nous prêta fur-le-champ la fomme que
nous lui demandâmes. Il fit quelques
difficultés d'accepter notre biliet, &
ne le prit en effet que pour ménager
notre délicateffe. Il vouloit nous arrêter quelques jours chez lui, & nous
aurions bien volontiers cédé à fes
inftances, fi nous n'avions pas eu nos
deux autres camarades, à qui notre
retard auroit caufé la plus grande inquiétude. Nous couchâmes chez lui, &
nous en partîmes le lendemain à la
pointe du jour.

A mon arrivée à Nuremberg, j'y ai
trouvé la Lettre de mon pere, & une
de change fur un Banquier de la ville.
Nous avons réglé nos petites affaires,
& nous partons demain pour Ratif-

bonne, d'où nous nous rendrons à Vienne par eau. Je vous écrirai dès que je ferai arrivé à cette capitale de l'Autriche.

Je fuis, &c.

De Nuremberg, le

LETTRE VI.

Nous sommes partis de Nuremberg le . . . . ainsi que je vous l'avois mandé, mon cher Ami, dans ma derniere Lettre ; & nous sommes arrivés le lendemain au soir à Ratisbonne, qui en est distante de vingt-quatre lieues. Nous avons demeuré trois jours en cette ville ; ainsi, je puis vous en dire quelque chose. Elle tire son nom (*Regensburg* en allemand) de la riviere de *Regens*, qui se jette dans le Danube au-dessous de la ville. Elle est enclavée dans la Baviere, & a servi long - temps de résidence aux Electeurs de cet Etat. Mais elle fut déclarée libre & impériale, par l'Empereur Frédéric, vers l'an 1182. La Religion Luthérienne est celle du Gouvernement ; les Catholiques & les Calvinistes y sont également exclus de

toute adminiſtration , & même du droit
de Bourgeoiſie. Ratiſbonne a dans ſon
enceinte quatre états libres ; l'Evêque,
qui eſt Prince du Saint-Empire, &
Acéphole ; l'Abbé de Saint-Emme-
rand , & les Abbeſſes du haut & du
bas Munſter.

L'égliſe cathédrale, dédiée à Saint
Pierre, eſt aſſez belle. On y fait voir
un Chriſt , que l'on raſe toutes les
années, & qui a toujours de la barbe.
Cette végétation ſurprenante peut ſervir de pendant au bouillonnement du
ſang de Saint Janvier, à Naples.

Il ſe fait un commerce très-conſidé-
rable en cette ville, par ſa poſition ſur
le Danube *, le plus grand fleuve de
l'Europe après le Volga. La petite
ville d'Amhof eſt ſur la rive oppoſée
du Danube; un ſuperbe pont de pierre ,
d'abord bâti par Charlemagne, dé-
truit enſuite, & rétabli de nouveau,

---

* Il a un cours d'environ cinq cents lieues.

fert de communication de l'une à l'autre.

Depuis 1663, les dietes de l'Empire fe tiennent à Ratifbonne. La diete eft l'affemblée des Etats de l'Empire. Elle eft compofée de trois colléges , qui ont chacun un Directeur. L'Archevêque de Mayence eft à la tête du premier , qui eft celui des Electeurs.

Les Princes, Princeffes , Prélats & Comtes compofent le fecond collége, qui a pour Directeur l'Archevêque de Salzbourg & l'Archiduc d'Autriche, alternativement. Les Villes impériales compofent le troifieme. Il y en a quarante-neuf, divifées en deux bancs, celui du Rhin, & celui de Suabe. Le premier renferme treize villes, celui de Suabe trente-fix. Le Député de la Ville impériale où fe tient la diete eft le Directeur de ce collége; & fi cette ville n'étoit point impériale, le Député de la premiere ville de chaque banc tiendroit alternativement ce directoire.

Les délibérations de ces assemblées ont sanction de loi, quand elles sont approuvées par l'Empereur, qui y est représenté par un Commissaire général. Le Prince de la Tour & Taxis, Général héréditaire des postes de l'Empire, est pourvu de cette charge.

Chaque Electeur ou Prince est représenté par un Député qui a voix. Tous les Prélats ensemble n'ont que deux voix ; les Comtes réunis en ont quatre, & les Villes libres, deux.

Les Electeurs sont les Pairs d'Allemagne ; ils ont la préséance sur les Archiducs d'Autriche : les Pairs de France l'ont eue sur les Princes du Sang, jusqu'au regne de Henri III, qui reconnut ces derniers Pairs-nés, & à perpétuité. Il en sera de même dans l'Empire.

Un Etranger un peu bien répandu dans cette ville, est souvent fort étonné de se trouver le seul, dans un cercle nombreux, à qui on ne donne pas l'*Excellence*. Ce titre est également donné à l'Envoyé * du Roi de France, & au Député du plus petit Prince de l'Empire.

Nous avons descendu le Danube depuis Ratisbonne jusqu'à Vienne.

A quelques lieues de Lintz, le fleuve se trouve si resserré par des montagnes, que les bateaux descendent avec la rapidité d'une fleche. Aussi ce passage est-il très-dangereux. Si on manque le fil de l'eau, on va se briser contre des rochers. Il est de fondation que l'on prend là une espece de Moine qui recommande l'ame des voyageurs. Le bruit que font tant de voix qui crient : *Ora pro nobis*; le sifflement des vents qui regnent toujours en ces

---

* Le Ministre de France près la diete générale de l'Empire est le Comte de Bombelles, Metre-de-Camp de Cavalerie; jeune homme de la plus grande espérance, & très-estimé dans le pays.

lieux ;

lieux; le mugiſſement des eaux, &
l'aſpect des rochers dont ſont hériſſés
les bords, & quelquefois le lit même
du fleuve, forment un enſemble également horrible à l'œil & à l'oreille.
Un bateau qui nous précédoit, & ſur
lequel nous ſerions deſcendus, ſi le
Patron avoit été plus accommodant, ſe
briſa, & tout le monde y périt.

On m'a dit qu'une loi de l'Empire
condamne au gibet les Patrons qui ſe
ſauvent, quand les bateaux qu'ils conduiſent font naufrage. Cette loi, qui
au premier coup d'œil paroît ſingu-
liere, & même inhumaine, fait la ſû-
reté des paſſagers, & des marchandiſes
qu'ils conduiſent; car dans l'alternative
ou de ſe noyer, ou d'être pendus, ils
ne ſe chargent d'une barque, que lorſqu'ils ſont bons Mariniers; ils évitent
de s'enivrer, vice auquel ſont enclins
tous les Matelots en général, & principalement ceux de cette Nation; &
enfin ils connoiſſent tous les écueils du

fleuve. Mais il eſt des momens où toute la prudence & l'habileté des Patrons, eſt obligée de céder à l'impétuoſité des vents; alors on eſt perdu ſans reſſource, & le plus habile nageur ne pourroit pas ſe flatter d'échapper au danger, ſans un miracle. On prétend, d'ailleurs, qu'ils ſavoient ſe faire échouer avant la promulgation de cette loi.

Enfin, nous ſommes arrivés hier après midi dans la capitale de l'Autriche & de tout l'Empire. Avant de débarquer, nous avons eu deux querelles, une avec notre Patron, l'autre avec les Commis de la Douane, qui ſont plus ignorans & plus inſolens à Vienne que par-tout ailleurs. Ils nous ont fouillés juſqu'à notre dernier chauf-ſon, nous ont fait payer des droits exhorbitans pour des bagatelles; & en mon particulier, ils m'ont confiſqué des Livres Anglois que j'avois dans mon porte-manteau. J'ai eu beau leur repréfenter que le Paradis perdu, & Sakefpéar, fe lifoient à Rome même: ils fe font retranchés à me répondre qu'un Ouvrage fait par des Hérétiques & dans un pays hérétique, ne peut être orthodoxe. Tout comme fi la cigüe & le bled ne venoient pas fur la même terre! Tout ce que j'ai pu obtenir de ces Meffieurs, c'eft qu'ils ne brûleront pas mes Livres d'ici à demain, parce que je me fuis fait fort d'obtenir un ordre du Grand-Maître des Douanes, pour me les faire rendre.

Quant à notre Patron, il nous a fait une vraie querelle d'Allemand; mais d'un Allemand très rufé. Nous avions fait marché avec lui, qu'il nous conduiroit de Ratifbonne à Vienne, moyennant trente florins. Nous lui offrîmes de le payer d'avance; il répondit que cela n'étoit pas néceffaire.

Arrivés ici, il a exigé que nous les payaffions en florins d'Autriche qui font de foixante-douze *creuzers*, au-

C ij

lieu que ceux de tout l'Empire ne font
que de foixante *creuzers*, & il a fallu
paffer par·là; on nous a dit que c'é·
toit l'ufage. Nous fommes logés chez
un François qui nous fait beaucoup
d'honnêtetés; on affure qu'il les fait
payer cher. Nous avons été ce matin
rendre nos devoirs à M. l'Ambaffadeur
de France. Vous favez que c'eft M. le
Baron de Breteuil. Son nom feul fait
fon éloge. Il nous a reçus le plus
gracieufement du monde; mais il vou-
droit nous détourner de notre voyage.
Il nous a promis de nous faire avoir
de l'emploi en France, parce qu'il
prévoit, dit-il, que nous ferons malheureux en Pologne. Enfin, il nous a
parlé comme il auroit fait à fes enfans; convaincus de la folidité de fes
raifonnemens, nous n'avons pu cependant nous réfoudre à reculer, ayant
tant fait que d'arriver aux portes. En
vain nous a-t il repréfenté que les
fottifes les plus courtes étoient les

meilleures ; il n'a pu rien gagner fur nòs réfolutions, ou pour mieux dire fur notre amour-propre : car nous en mettons à aller en avant.

Mes camarades, qui avoient laiffé des ordres à la pofte de Nuremberg pour qu'on leur fît paffer leurs Lettres ici, en ont trouvé à notre arrivée ; ils ont reçu de l'argent : & comme nous voilà dans l'abondance, nous nous propofons de faire quelque féjour à Vienne. Quand je connoîtrai mieux cette ville, je vous ferai part de ce que j'y aurai vu de remarquable.

Je fuis, &c.

LETTRE VII.

JUSQU'A PRÉSENT, mon Ami, je ne vous ai entretenu que des défastres de notre voyage ; nous en goûtons aujourd'hui les agrémens. Nous sommes dans une belle ville, nous y avons un beau logement, deux voitures de remise ; chacun de nous quatre a une garde-robe affez bien montée, des bijoux, de l'argent ; nous sommes répandus dans la meilleure compagnie, & nos parties de plaisir fe succedent d'un inftant à l'autre. Enfin, la fortune femble nous avoir attendus à Vienne, pour nous y dédommager des rigueurs dont elle nous avoit accablés ci-devant. La rencontre du Comte d'E... un des Chambellans de l'Empereur, nous a valu tout cela. Nous étions allés *pédeftrement*, avec mes camarades, à la premiere ouverture d'une promenade * que l'Empereur a fait faire pour le Public à l'extrémité du fauxbourg de Léopolstadt ; nous traverfions le corps de logis qui la précede : le Comte d'E... faifoit de même, mais en fens contraire, de forte que la foule le poufant vis-à-vis de nous , il remarqua nos uniformes. Il fut le premier à me reconnoître, & nous nous embrafsâmes en gens qui avoient beaucoup de plaifir à fe voir. Notre connoiffance vient de loin ; vous faurez que nous avons été pendant quelques années camarades de collége, & unis très-étroitement. Je n'apperçus point en lui cette morgue Allemande, qu'on m'avoit dite être générale chez tous les Grands de cette Nation. Nous ne le quittâmes point de tout le jour. Il étoit avec plufieurs jeunes Seigneurs, qui nous firent beaucoup d'honnêtetés & d'offres de fervice. Ils nous con-

* L'Augarten.

C iv

duifirent au Spectacle dans leurs équipages, & le foir, le Comte nous
donna à fouper. Le lendemain il nous
préfenta aux jeunes Seigneurs que nous
avions vus la veille, & à quelques
autres. Il nous mena enfuite au jeu de
paulme. Il n'y en a qu'un à Vienne;
mais il eft bien compofé. On nous
offrit des raquettes; & comme on
trouva que nous nous en fervions affez
bien, le Prince de L... nous propofa
de faire fa partie. Nous acceptâmes
avec plaifir l'honneur qu'il vouloit nous
faire, d'autant que nous étions de
force à pouvoir nous défendre. Son jeu
ordinaire étoit un peu cher pour
nous; cependant nous ne crûmes pas
devoir refufer de tenir ce qu'on nous
propofa. Nous gagnâmes la premiere;
nous enlevâmes la feconde, où nous
avions joué le paroli, & nous euffions
pu emporter un argent immenfe, fi
nous en avions eu d'abord affez pour
jouer plus cher à la premiere. Nous

reçumes les complimens & l'argent de ces Meſſieurs, & nous invitâmes à dîner le Comte & un de ſes amis qui avoient parié pour nous. L'après-dîné cet ami, qui eſt le Comte de Po... nous préſenta chez quelques femmes, & nous paſsâmes la ſoirée chez la Baronne de T... qui, ce jour-là, avoit l'aſſem‑ blée. On joua le Pharaon, nous y triplâmes nos fonds. Le lendemain matin Tailleur, Marchand de bas, Chapelier, Cordonnier, Caroſſier furent appellés chez nous. L'après-diné nous fûmes chez des Bijoutiers & des Mar‑ chandes de Modes. Nous étions à même de faire ces dépenſes, & nous en avions beſoin. Nos profits de la journée allerent au-delà de deux cents *ſouverains* *. Nous avons réſolu, mal‑ gré le bonheur que nous avons eu, de ne plus jouer aux jeux de haſard.

---

* Le ſouverain eſt une monnoie d'or, qui vaut ſrois ducats ; (environ trente-deux livres de France.)

C v

Mais nous allons tous les matins à la paulme. Le reste de la journée, nous courons la ville, les assemblées & les spectacles. Enfin, nous menons une vie d'autant plus délicieuse, que depuis notre départ de France, nous étions faits aux privations. Un seul événement a altéré nos plaisirs. C'est le départ du Comte d'E... pour son Régiment. Nous ne sommes pas encore décidés à joindre le nôtre. On est si bien ici! Cependant l'Ambassadeur de France nous a déjà fait pressentir que nous avons fait un assez long séjour à Vienne. Il faut que je vous dise à présent quelque chose de cette ville. Abstraction faite de ses fauxbourgs, elle n'est ni grande ni bien belle, mais elle est régulièrement fortifiée. Ses rues sont étroites; point de place publique qui mérite d'être citée, excepté celle du marché, où l'on voit une pyramide de marbre blanc que l'Empereur fit élever en actions de graces de la délivrance de la peſte en 1679. Elle eſt environnée de nuages ſur leſquels ſont les trois Perſonnes de la ſainte Trinité en bronze doré. L'Empereur Léopold à genoux, ſemble leur demander la ceſſation de ce fléau. Aux trois faces de ce monument, on lit des inſcriptions latines qu'il fit lui même en témoignage de ſa reconnoiſſance. Mais on ne voit nulle part de monumens élevés à la mémoire du fameux Jean Sobieski, Roi de Pologne, qui, quatre ans après (en 1683), délivra Vienne du joug mahométan. Ce Héros parut le 17 Septembre ; il força les lignes des Turcs qui l'aſſiégeoient avec une armée de cent cinquante mille hommes, la tailla en pieces, & coucha la nuit du même jour, dans la tente du grand Viſir Kara Muſtapha qui fut un des premiers à ſe ſauver, en abandonnant toutes ſes richeſſes.

Le Comte de Staremberg, Gouverneur de la Place, s'immortaliſa par

C vj

la belle défenſe qu'il fit : mais il ſe trouvoit forcé de la rendre, quand Sobieski parut.

Léopold ne daigna pas ſeulement aller remercier ſon libérateur, crai-gnant par cette démarche, de com-promettre la dignité impériale; & le Roi de Pologne, plus fondé que l'Em-pereur à ne pas faire des avances, retourna dans ſes Etats, ſans voir S. M. I. premiere époque (diſent les Polonois) de l'ingratitude de la maiſon d'Autriche envers eux. Mais revenons à la deſcription de la ville ; je ſens que je me ſuis éloigné de mon ſujet. Le nombre des beaux hôtels n'eſt pas rare. Celui du Prince de Lichtenſtein, Gouverneur de la ville, & celui du Prince de Paar, Grand-Maître héré-ditaire des poſtes, ſont les plus beaux que j'aie vus. Le Louvre eſt un aſſem-blage de quatre bâtimens autour d'une cour aſſez grande. Il n'a de remar-quable que ſa ſimplicité. On a de la

peine à se persuader que le premier
Prince de la Chrétienté habite ce château. On voit beaucoup de villes dont
les casernes ont plus d'apparence. On
entre chez l'Empereur par une petite
porte qui est presque à l'extrémité
du corps-de-logis du fond. En face est
un escalier fort petit, par où on monte
à des appartemens très-ordinaires. On
n'y voit gueres que quelques Gardes
Allemandes ou Hongroises. Les premiers sont composés des Vétérans des
Régimens. Vous imaginez bien que ces
Gardes n'ont point à faire un service
aussi rude, que ceux de S. M. Très-
Chrétienne. Le seul, je crois, qu'ils
fassent, (excepté dans les grandes cérémonies,) est dans les appartemens ;
car lorsque l'Empereur sort du château,
il est ordinairement seul ou avec quelque Seigneur, dans une voiture qu'il
conduit lui-même, & ayant pour toute
suite deux Laquais. Son habillement
est très-simple. Il est toujours en uni-

forme, ou vert, ou blanc à paremens rouges. L'Impératrice eſt toujours vêtue de noir. Elle eſt iſſue par divers dégrés de ce célebre Comte de Hasbourg, qui rendit l'Empire héréditaire dans ſa famille, il y a environ cinq cents ans. Elle a, comme vous le ſavez, une famille très-nombreuſe.

La nomination, ou, pour mieux dire, le titre de certaines charges de la maiſon de l'Impératrice, n'eſt point à ſon choix. Son Grand-Aumônier eſt toujours l'Abbé de Saint-Maximin de Treves, & ſon Chancelier, l'Abbé-Prince de Fuldes. Mais ceux-ci n'ont que le titre, Sa Majeſté Impériale nomme ceux qui en font les fonctions.

C'eſt ainſi que les titres d'Archi-Chambellan, Archimaître d'Empire, &c. font affectés aux différens Electorats.

On voit à Vienne quelques belles égliſes; celle du château ne l'eſt point. Elle n'eſt pas même aſſez grande pour que toute la Cour puiſſe y tenir dans les grandes cérémonies. Alors elle va à l'égliſe des Auguſtins Déchauſſés qui par cette raiſon prend le nom d'Au-lique.

L'égliſe métropolitaine eſt dédiée à Saint Etienne. On y voit une tour très-exhauſſée, & dont les pierres ſont percées à jour, comme celles du clo-cher de Straſbourg. Les Bourgeois de Vienne obtinrent de Soliman II, qui faiſoit le ſiége de cette ville en 1529, qu'on ne tireroit point contre cet édi-fice, & par reconnoiſſance les Viennois placerent un croiſſant & une étoile, au haut de la tour. Mais comme l'artil-lerie de Kara-Muſtapha ne l'épargna pas au dernier ſiége de cette ville, on ſubſtitua une croix à la place des ar-moiries Ottomanes.

Le tombeau des Princes de la mai-ſon d'Autriche eſt dans l'égliſe des Ca-pucins; elle ne reſſemble en rien à celle de Saint-Denis-en-France : car il n'y a dans celle-ci ni mauſolée, ni inſcriptions ſur les monumens qui renferment les cendres de ces Princes.

La bibliotheque de l'Empereur eſt fort belle, & contient beaucoup de manuſcrits très-rares. Son cabinet de curioſités n'eſt pas moins remarquable. On y voit le cachet de l'Impératrice gravé ſur un diamant. Mais ce bijou ne vaut pas la cornaline que nous avons en France, connue ſous le nom de *Cachet de Michel-Ange*. L'Empereur François Premier a conſidérablement enrichi ce cabinet. C'eſt par les ordres de ce Prince curieux, que l'on éprouva pour la premiere fois, que le diamant réſiſte moins que le rubis à l'action du feu, quoiqu'on le regarde comme la plus dure des productions de la Nature.

Il y a pluſieurs Ordres de Chevalerie à la Cour Impériale. Ceux de Marie-Théreſe, de Saint Etienne, & la Toiſon d'or, ſont les premiers. Vous ſavez que Philippe, Duc de Bourgogne, inftitua celui-ci ; & que la grande Maîtrife paffa à la branche de la maifon d'Autriche qui régnoit en Efpagne, lors de la mort de Charles le Téméraire. A l'extinction de cette branche, les Chefs de la maifon impériale fe font crus en droit de conférer cet Ordre, dont ils prétendent que la grande Maîtrife eft fucceffive aux héritiers naturels de la Maifon d'Autriche, & non pas annexée à la Couronne d'Efpagne, qui, à fon tour, prétendant le contraire, confere auffi cet Ordre. Par une Ordonnance de 1757, S. M. I. accorde la nobleffe à tout Officier, foit national, foit étranger, qui aura fervi trente ans dans fes troupes.

Il y a dans les fauxbourgs deux fuperbes promenades ; l'*Autgarden*, dont je vous ai déjà parlé, à l'occafion de la rencontre que nous y fîmes du Comte d'E.... & le *Prater*. La premiere eſt d'une diſtribution très réguliere ; c'eſt un boſquet immenſe percé de toutes parts d'allées à perte de vue. La riviere de Wien termine cette belle promenade.

La ſeconde reſſemble à notre Bois de Boulogne ; elle eſt le rendez vous de toutes les voitures. Elle renferme des guinguettes, des jeux d'exercice de toute eſpece ; & comme elle eſt aux portes de la ville, il y a toujours un monde étonnant.

Quant aux ſpectacles, nous avons l'Opéra - comique au théâtre de la ville, & la Comédie Allemande à celui de la cour. Il y a auſſi le combat des animaux dans un cirque qui contient, m'a-t-on dit, quinze à vingt mille perſonnes.

Les opéras-comiques que l'on repréſente ici ſont les mêmes que nous avons en France ; on les a traduits littéralement en Allemand, & on leur a conſervé toute notre muſique : ce qui ne paroît pas s'accorder, à des oreilles Françoiſes. On donne des ballets à la fin de la piece. Ils ſont de la compoſition du ſieur Noverre *, dont les talens en ce genre ſont connus de toute l'Europe. Rien de ſi beau, de ſi grand, que ſes ballets héroïques : tels que ſon *Adele de Ponthieu*, ſes *Horaces & Curiaces*, &c. réduits en pantomime. Il n'a pas moins réuſſi dans la paſtorale ; on admire ſur-tout dans ce genre : *Le Blanc & le Roſe*. Cet homme célebre eſt ici depuis quelque temps. On dit qu'il a quitté l'Opéra de Paris, à cauſe des tracaſſeries qu'il avoit eſſuyées de la part de G..... ſon compétiteur.

Les fauxbourgs ſont plus beaux que

---

* Quelque temps après mon départ de Vienne, j'appris que le Pape, comme Grand-Maître né de tous les Ordres réguliers de Chevalerie, avoit envoyé le grand cordon de l'Ordre du Chriſt au ſieur Noverre. Je laiſſe décider au Lecteur, ſi le genre de talent de cet homme, à quelque dégré de ſupériorité qu'il l'eût porté, étoit ſuſceptible d'une pareille récompenſe.

la ville; la plupart des Seigneurs les habitent dans la belle faifon. Parmi les belles maifons de plaifance qu'on y voit, on remarque celle du Prince Eugene, dite le *Belvedere*; elle eft du goût le plus exquis, & digne de fervir de logement à un Souverain, avec quelques agrandiffemens qu'on pourroit y faire.

Il y a de ce même côté un fuperbe hôpital, & de belles promenades fur le bord du Danube.

Il y a à Vienne un bel Arfenal, une Univerfité fameufe, & un Arche-vêché bien renté. J'aurois voulu y voir une Ecole Militaire & un Hôtel des Invalides.

Un pere de famille, un Etranger qui fe trouve dans le befoin, n'eft point embarraffé pour avoir de l'argent fur-le-champ & à un bien modique inté-rêt, pourvu qu'il ait quelque gage à donner. J'ignore l'époque de cet éta-bliffement que l'on nomme le *Lom-*

bard; mais tout le monde convient de son utilité. Il seroit bien avantageux qu'il y en eût un semblable à Paris *, où se fait l'usure la plus révoltante.

Vous trouverez peut-être ma Lettre bien longue ; mais je n'ai pas voulu la finir, sans vous faire part de tout ce que j'ai vu de remarquable en cette ville.

Je suis, &c.

* Quand ces Lettres ont été écrites, on n'avoit pas encore établi à Paris le Mont-de-Piété.

LETTRE VIII.

Nous venons, mon cher Ami, de faire un petit voyage à Presbourg, capitale de la haute Hongrie, & même à présent de tout ce Royaume. Nous y sommes descendus sur le Danube. Cette ville est à neuf ou dix lieues de Vienne ; elle est petite, mais bien bâtie. La place publique peut passer pour belle, & le château pour magnifique. Il est au sommet d'une montagne ; on y garde la couronne des Rois de Hongrie, renfermée sous sept ferrures, dont un pareil nombre de Seigneurs, ou *Magnats*, gardent les clefs. Les fortifications de la ville ne consistent guere qu'en un mur flanqué de tours, un fossé, & quelques palissades en certains endroits.

C'est à Presbourg que Marie-Thérese fut proclamée *Roi*. Ses malheurs

& fon affabilité lui acquirent les cœurs d'un Peuple, que toute la puiffance de fes ancêtres n'avoit jamais pu foumettre entièrement.

Les Hongrois paffent pour braves, mais vindicatifs. Le dernier fiége de Vienne dont je vous ai parlé dans ma précédente, en eft la preuve. Le fameux Comte Tékéli, brûlant de fe venger de l'Empereur Léopold, qui, pendant les troubles de Hongrie, avoit fait mourir par la main du bourreau la plupart de fes parens, avec un grand nombre d'autres Magnats, fe donna aux Turcs, leur facilita le paffage de leur armée dans l'Autriche, & leur fuggéra le projet du fiége de Vienne.

La Hongrie étoit autrefois bien plus confidérable qu'elle n'eft à préfent. L'Autriche, la Pologne, le Niefter, la mer Noire, & le Danube, lui fervoient de bornes. Les Turcs en ont démembré plufieurs provinces. Je ne ferois point étonné que l'Empereur Joseph II entreprît de les ravoir. Le commerce qui s'établiroit alors par le Danube & la mer Noire rapporteroit pour le moins autant d'argent que le débit du sel de Wilitzna.

Il n'est pas de pays au monde aussi fertile que la Hongrie. Des troupeaux sans nombre couvrent la campagne ; les béliers y sont d'une beauté merveilleuse. Les bœufs y sont monstrueux ; & les chevaux d'une belle taille, & très-vigoureux. Les bleds & les pâturages abondent au-delà de toute expression ; il en est de même de la péche & de la chasse. Vous savez que le vin le plus estimé du monde, est celui de Tokai ; & cependant ce pays est désert. Il faut en rapporter la cause aux guerres civiles qui ont long-temps déchiré ce royaume, aux fréquentes invasions des Turcs. Soliman, dans son passage en Hongrie, emmena en captivité plus de deux cent mille hommes

de

de ce pays, fans compter ceux qui
périrent pendant les différentes actions
qui eurent lieu. Joignez à toutes ces
caufes accidentelles, l'influence de l'air
qui eft en général mal fain dans tout
ce royaume. L'or que l'on en retire,
prouve, contre le fentiment de beaucoup de Naturaliftes, qu'il n'eft pas
néceffaire que le climat foit très chaud
pour trouver ce métal. Les Hongrois
croient que l'or qui tranfpire des mines
forme le velouté, ou pour mieux dire
ces petites pellicules, couleur de ce
métal, que l'on voit fur leurs raifins.
Moi, je l'attribue à la bave de quelque
infecte.

Il eft vrai pourtant que l'on voit à
Vienne, dans le cabinet de curiofité
de l'Empereur, un cep de vigne
de ce pays, entouré d'un fil d'or
natif.

L'Archevêque de *Gran*, autrefois
Strigonie, eft Lieutenant- général né
de tout ce royaume, & Commandant

D

des troupes *. Il eſt élu par la Nation,
dont les dietes ſe tiennent à Preſbourg.
J'oubliois de vous rapporter l'inſcrip-
tion qu'on lit ſur une porte de cette
ville. *Omne regnum in ſe ipſum divi-
ſum, deſolabitur.* Qui ne croiroit, en
la liſant, qu'il n'y auroit pas eu de
royaume plus tranquille que la Hongrie ? & c'eſt préciſément le contraire.

L'Impératrice fait conduire en ce
pays toutes les filles de mauvaiſe vie
que l'on peut prendre à Vienne. Le
moyen dont elle ſe ſert pour en purger
ſa capitale, eſt un peu attentatoire à
la liberté publique. Ses Gardes de
Police ont le droit de les pourſuivre
par-tout ; & ſouvent tandis qu'un Etranger ſe repoſe tranquillement dans ſa
chambre, ces Gardes y entrent inopi-
nément, & furetent juſques dans les
armoires, pour voir s'il n'y a pas

---

* Les corps de Cavalerie Hongroiſe ſe nomment
Huſſards ; on appelle Heiduques, & Tolpaches, les
corps d'Infanterie.

quelque fille qui y ſoit cachée. Au ſurplus, c'eſt-là leur prétexte ; mais on peut ſe ſauver de cette inquiſition en leur donnant quelque argent.

Nous partons demain pour Cracovie ; je ne vous écrirai plus, juſqu'à ce que nous y ſoyons arrivés.

Je ſuis, &c.

LETTRE IX.

On ne voit nulle part de plus belle
route, mon cher, que celle de Vienne
à Cracóvie ; la campagne en eſt ſuperbe, & bien cultivée. Nous avons
paſſé par pluſieurs villes qui méritent
peut-être quelqu'attention ; mais je les
ferai paſſer auſſi rapidement ſous vos
yeux, que je les ai traverſées.

La premiere qui paroît avoir quelque apparence, c'eſt Brinn ; elle eſt
bâtie ſur une petite éminence, & aſſez
bien fortifiée. Elle eſt la capitale de la
Moravie, quoique pluſieurs Géogra-
phes prétendent que ce ſoit Olmutz,
autre ville plus grande & bien mieux
fortifiée que Brinn. L'Evêque en eſt
Seigneur ; il a un palais de la plus
belle apparence, ſur une grande place
que nous traverſâmes. Vient après
Troppau, petite ville, mais aſſez bien

fortifiée. De là nous fûmes à *Stad-Teschen* *, capitale d'une principauté que je crois appartenir à un Prince de la Maison de Saxe. De *Teschen* à Cracovie, il n'y a que la petite ville de Lator qui mérite d'être mentionnée, encore la plupart de ses maisons sont en bois. Elle avoit titre autrefois de duché.

Cracovie, du nom du Roi Cracus, qui la fit bâtir, est séparée par la Vistule, de la petite ville de Casimire, qui peut être regardée comme un de ses fauxbourgs. L'aigle impériale est placée au milieu du pont qui sert pour la communication de l'une à l'autre de ces deux villes. Le plancher de ce pont est toujours à fleur d'eau ; de sorte que pour peu qu'il soit chargé, l'eau perce à travers les poutrelles dont il est composé.

* C'est à Teschen que s'est faite la paix de 1779, entre l'Empereur, le Roi de Prusse, & l'Electeur de Saxe.

D iij

Cracovie est dans la p'us jolie situation possible, au milieu d'une plaine immense, & sur le bord d'un grand fleuve *. Cette ville capitale de la haute Pologne, l'étoit autrefois de tout le royaume. Elle fut long-temps le séjour des Rois, & c'est encore à présent dans cette ville que se fait leur couronnement. Staniflas Poniatowski est le premier, je crois, qui ait été couronné à Varsovie.

La ville est assez grande, bien bâtie, les rues larges & alignées, mais d'un marcher difficile, parce qu'elles sont mal pavées & trop cintrées. La place du marché est fort grande ; elle est entourée de beaux édifices, tels que l'église de Notre-Dame, dont les clochers sont couronnés, le palais de la République, ceux du Commandant de la ville qui est un Officier Russien, & du Prince-Évêque de Cracovie. Ce

* La Vistule.

Prélat, de la famille de Soltik, recommandable par sa fermeté, son attachement aux constitutions de sa patrie, & par ses malheurs, n'est jamais
sorti de son palais, depuis son retour
de Sibérie, où l'Impératrice l'avoit
relégué. Tout en louant ses principes,
on ne peut s'empêcher de convenir,
qu'un peu plus de tolérance de sa part
envers les Diffidens, eût évité beaucoup de maux à sa patrie, & tous
ceux dont il a été lui-même la victime.
Ce qu'il y a de singulier dans son
histoire, c'est qu'ayant été enlevé par
les Russes, ainsi que l'Evêque de Kio-
vie & plusieurs autres Seigneurs, l'Empereur Turc se déclara leur protecteur;
& à titre de représailles de la viola-
tion du droit des gens & des Nations, il fit renfermer dans le château
des sept Tours, le Ministre de l'Impératrice de Russie auprès de Sa Hau-
tesse.

L'Evêché de Cracovie est le plus

D iv

riche du Royaume; il donne le titre
de Prince de Sévérie.

Le château eſt ſur une hauteur; il
n'a d'autres fortifications qu'un rempart flanqué de tours inégales. Vous
ne ſerez pas fâché que je vous rappelle
la priſe de ce château par les François
qui étoient au ſervice de la Confédération générale.

Du pied du rempart à la Viſtule, il
y a un glacis un peu eſcarpé, ſous
lequel paſſe un égoût qui ſe dégorge
dans le fleuve. Les Ruſſes qui étoient
dans le château firent mettre une grille
de fer à l'ouverture de l'égoût. Le
Maçon qui fut chargé de la poſer,
l'arrangea de maniere qu'elle pût tom-
ber ſans effort; il reçut cent ducats
du Commandant François à qui il en
donna avis, & fut pendu quelque
temps après par les ordres du Commandant Ruſſe qui apprit ſa trahiſon.

C'eſt par cet égoût que les François
oſerent pénétrer dans la fortereſſe; ils

renverferent tout ce qui s'oppofa à leur paffage, & s'en rendirent maîtres par des prodiges de valeur.

Mais à peine ce petit détachement y fut établi, que huit cents Ruffes vinrent les y affiéger. M. de Choifi n'eut pas plutôt appris le fuccès des François, & le danger où ils étoient, qu'il fortit de Tynieck, avec quatre cents hommes, battit les Ruffes qu'il trouva dans fon chemin, força le pont de Cracovie, entra dans le château, & dégagea ainfi ceux qui le défendoient depuis neuf heures, avec tant de courage, & en fi petit nombre.

Cette affaire couvrit de gloire le Chevalier de Vioménil qui entra dans le château, ainfi que tous les François qui eurent en entier l'honneur de cette conquéte.

Les murs du château, ainfi que ceux des maifons voifines, font encore criblés des balles qu'on tira de part &

d'autre dans cette journée. (C'étoit à la fin de Novembre 1772.)

L'églife de Saint Staniflas, Evêque de Cracovie, & le Patron du Royaume, eft renfermée dans l'enceinte du château. Elle eft d'une belle architecture, quoiqu'un peu gothique ; le revêtiffement extérieur du dôme eft d'or maffif. Il en a du moins le brillant, & toute l'appaïence. S'il étoit d'un autre métal, la pluie & l'air en auroient altéré la couleur. Il y a beaucoup de bijoux & de reliques dans le tréfor de cette églife, & elle eft parfemée des tombeaux des Rois de Pologne, qui font tous de marbre de Hongrie. J'en remarquai un entr'autres, fur lequel eft une ftatue de Guerrier entourée de rats ; j'en demandai la raifon. On me fit cette hiftoire ou fable, comme il vous plaira l'appeller. » Popiel II régnoit en Pologne dans le neuvieme fiecle. Il » avoit pour tuteurs deux oncles, dont

» la prudence & la bravoure étoient
» connues de toute la Nation. Mais
» l'époufe de Popiel les rendit bientôt
» fufpects à fon mari, & de concert ils
» les empoifonnerent. Les Polonois
» eurent tant d'horreur de ce crime,
» qu'ils abandonnerent la Cour. Du
» corps des deux cadavres fortit une
» armée de rats qui dévorerent le Roi
» dont vous voyez ici l'effigie «.

On voit encore dans la même églife
la ftatue en argent maffif de Saint Staniflas ; elle a pour pendant, & de
même métal, celle d'un Gentilhomme
Polonois, qui fortit du tombeau à la
priere du faint Prélat, pour certifier
qu'il en avoit reçu en efpeces, le prix
d'une terre qu'il lui avoit vendue de
fon vivant, & dont les héritiers du
Gentilhomme pourfuivoient le payement, excités par le Roi Boleflas, qui
n'aimoit pas cet Evêque. Boleflas, peu
touché de ce miracle, fendit de fon
épée la tête du Prélat. Auffi pour

expier le crime de ce Roi, tous fes fuccefIeurs, avant d'être couronnés, font dans l'obligation d'aller dans l'églife du faint Evêque pour lui faire une efpece d'amende-honorable.

Le Chapitre de Saint Staniflas eft fort riche ; les Chanoines font preuve d'ancienne noblefle. Ils portent autour du col une chaîne d'or, à laquelle eft fufpendue une croix d'émail. Sur l'écuffon il y a une aigle.

Les Jéfuites avoient une fort belle églife dans cette ville, & de grands biens dans le royaume, que l'on a donnés à ferme ; les revenus ont été affeftés à l'éducation nationale. Cependant les fermiers ont refté plufieurs années fans remplir leurs engagemens, & il a fallu que la Commiffion nommée pour percevoir ces revenus fît féqueftrer les biens fonds.

La garnifon de la ville eft ruffe, & l'on m'a dit qu'il y a des troupes de cette Nation dans toutes les places de la Pologne. J'ai déjà affifté plufieurs fois à l'infpection de ces troupes. Les moindres fautes font punies fur les épaules du coupable. Voici comment fe pratique cette exécution. Quand l'Officier qui infpecte trouve à redire aux armes, au maintien, à l'habit d'un Soldat, ou à toute autre chofe, il le fait tirer du rang, par les deux qui font à fes côtés. Ceux-ci le menent à quatre pas en arriere, lui defcendent de deffus fes épaules, les deux cour-roies * qu'il porte en bandouliere. (On fent que fans cette précaution, ces bandoulieres qui font larges & épaiffes éviteroient beaucoup de mal au patient.) Après cela, ces deux valets-de-chambre, chacun de fon côté, frappent fur le dos du coupable le nombre de coups fixé par l'Officier. Après la cérémonie, on rhabille le

---

* Au bas de l'une eft attachée la giberne, à l'autre un manteau roulé.

Schelaqué, & on le remet à fon rang.
Pendant toute la cérémonie, il eft debout, les bras pendans, fans laiffer
appercevoir le moindre figne de dou-
leur. On voit très communément que
celui qui vient d'être battu, l'eft encore
deux ou trois fois pendant la même
infpection; ou qu'il rend à fes voifins
le fervice qu'il en a reçu. Le tout fe
fait fans rancune de part & d'autre; &
après l'infpection, les bourreaux & les
patiens vont boire enfemble de l'eau-
de-vie. Le menu peuple & les Soldats
boivent de la petite biere ou de l'hidromel; les Seigneurs font venir des
vins de France, de Hongrie & d'Allemagne; ceux du fud de l'Europe font
moins recherchés ici.

Le Caftelan de Cracovie a le droit
de préféance fur le Palatin de la Pro-
vince; il eft de plus premier Sénateur
Laïc de la République. On-n'entend
parler ici que de Palatins, de Starofts,
de Caftelans; comme par la fuite je

pourrai employer ces dénominations, je veux d'avance vous expliquer ce qu'elles fignifient.

Les Magnats font en général tous les Grands du pays. Les Palatins ou Vaivodes font les Gouverneurs des Provinces. Ces Seigneurs ne donnent pas d'autres titres aux Hofpodars de Moldavie & de Valakie, qu'ils prétendent avoir été d'abord Gouverneurs de ces deux Provinces, & qu'ils les ont fouftraites enfuite à la domination Polonoife. Auffi le Roi prend dans fes titres, celui de Grand-Duc de Valakie & de Moldavie.

Les Starots font les Gouverneurs des Villes. Les Caftelans font ce que nous appellions autrefois en France les Châtelains, ou Gouverneurs de Châteaux.

Nous avons trouvé en arrivant ici, plufieurs Officiers des divifions qui précédoient la nôtre. Il en arrive encore tous les jours par pelotons de deux ou de trois. On nous prépare un bateau fur lequel nous defcendrons la Viftule jufqu'à Varfovie. Mais avant de partir, nous avons à vifiter les falines de Wilitska, & les mines d'argent d'Ilkufch. Je vous en rendrai compte, dès que je les aurai vues.

Je fuis, &c.

A Cracovie, le   Avril 1776.

LETTRE X.

JE viens de voir un Peuple gnome dans toute l'acception du terme. Vous imaginez bien, mon cher Ami, que je veux parler de ces malheureux qui travaillent aux falines de Wilitska. Nous les vifitâmes hier matin; elles font à trois quarts de lieues de Cra-covie.

On defcend dans ces mines par un efcalier en fpirale fort étroit, & compofé de plus de huit cents marches, ou bien par un puits. La premiere maniere eft infiniment plus pénible, & j'ofe dire plus dangereufe, que la feconde; car vous avez mal au cœur, & la tête vous tourne, avant que vous foyez arrivé au quart de la defcente, à caufe qu'il faut toujours tourner.

Le puits a une ouverture de dix à douze pieds de diametre, & cent

toiles de profondeur. On y defcend
afiis fur des fangles attachées à un gros
cable. On *file* ce cable par le moyen
d'un cylindre auquel eft adaptée une
roue qui tourne verticalement, & qui
reçoit le mouvement d'une autre roue
horifontale, dont les dents engrainent
dans celles de la premiere. Un cheval
fait tourner la derniere. On ne laiffe
pas, en defcendant, que de heurter
de temps à autre contre les parois du
puits. Mais pour que les voyageurs ne
faliffent pas leurs habits, on les quitte
avant de defcendre dans un magafin,
où on vous affuble d'une efpece de
fouquenille de toile blanche. Mais,
d'ailleurs, on ne chante plus aux voyageurs le *Libera*, ainfi que le dit
Regnard dans fon Voyage en Pologne;
foit que la dévotion ait diminué, ou
que l'habitude ait familiarifé avec le
péril. Nous avions quatre conducteurs
avec des torches allumées, & c'eft ainfi
que nous avons parcouru cet immenfe
fouterrain.

'Arrivés au premier étage, on voit une églife taillée dans le fel, ornée de pilaftres entre lefquels on a pratiqué des niches où font des ftatues d'un fel blanc & tranfparent, femblable en tout à du criftal. Il y a fur le marche-pied de l'autel deux ftatues de moines à genoux, qui font de la plus grande beauté. La chaire & l'efcalier pour y monter, font également remarquables par leurs ornemens de fculpture; tous ces différens ouvrages font taillés dans le fel, & il n'y a aucune piece rapportée.

Il y a une autre chapelle à quelque diftance de celle-ci. On ne travaille plus à ce premier étage qui eft coupé par une infinité de rues d'une longueur prodigieufe, d'où on a extrait du fel.

On defcend au fecond étage par un efcalier dont les marches font fi douces, que les chevaux n'ont pas d'autre route pour charrier le fel. On trouve

là une seconde ville, percée de belles
rues, de droite & de gauche.

On va au troisieme étage par le
moyen de plusieurs échelles. Cette
maniere de descendre est la plus in-
commode. On seroit perdu, si on
manquoit un échelon; on est obligé
de tenir les yeux fermés pour les pré-
server de la poussiere de sel, qu'on
éleve en marchant, & qui est très-
pernicieuse pour la vue. Nous ne parcourûmes point tous les petits étages
que l'on trouve au bas de chaque
échelle. Nous ne nous arrêtâmes que
lorsqu'il n'y eut plus à descendre. Nous
vîmes une quantité de gens nuds
comme la main, & qui détachoient le
sel de la mine à la lueur des torches.

On taille ce sel en blocs; on leur
donne une forme sphérique, dont le
petit diametre peut avoir 18 pouces
de long, & le grand 30 pouces. On
enferme dans des caisses de même
forme & de même grandeur, les

petits morceaux & les grains de
fel.

Tout eft merveilleux dans ce fouterrain. 1°. La quantité de fel que
l'on y trouve ; 2°. l'afpect du lieu à
la lueur des flambeaux, qui, réfléchis
dans des murailles de fel, fe répetent
mille fois, & forment le coup-d'œil
le plus agréable & le plus furprenant ;
3°. une fontaine d'eau douce, qui,
venant de bien loin à travers des rochers de fel, n'en contracte ni le
goût, ni la propriété, au point qu'on
n'en boit pas d'auffi bonne dans toute
la Pologne; 4°. le lit de la Viftule
étant fort fupérieur aux falines, les
eaux de ce fleuve n'y ont jamais pénétré, quoique l'éloignement ne foit
pas affez confidérable pour que la fil-
tration ne fe fût pas établie depuis plus
de cinq cents ans que l'on a commencé
d'exploiter ces mines. Elles furent dé-
couvertes fous Boleflas, dit *le Chafte*,
en 1252. Dans les endroits de la voûte

où l'on a trop excavé la mine, on a contenu la terre en y appliquant des branches de sapin soutenues par des chevrons de même bois, qui se conservent merveilleusement, quoiqu'employées depuis plusieurs siecles.

C'est assez vous avoir promené dans les entrailles de la terre; revenons à notre élément par la même route que nous l'avons quitté; c'est-à dire, par le cable. Nous revîmes la lumiere avec grand plaisir, & nous parcourûmes un peu le bourg de Wilitska, sous lequel font les salines; ce fut encore un sujet d'étonnement pour moi de voir cette habitation qui subsiste depuis si long-temps, sans qu'elle ait encore été engloutie. Toutes les maisons font en bois; on y monte par un escalier, au haut duquel on trouve un balcon couvert, qui sert de trottoir pour les piétons: les voitures & les chevaux paffent dans la rue.

En rentrant à Cracovie, on me fit

remarquer le *Venda Mogile*, tombeau de Venda. C'eſt là que fut enterrée cette Héroïne, fille de *Cracus*, Fondateur de Cracovie, qui régna avec la plus grande gloire pendant quelques années, après que les Polonois eurent détrôné ſon frere Lech, qui avoit aſſaſſiné ſon frere aîné pour régner à ſa place. L'hiſtoire de cette Reine m'a paru très-fabuleuſe. Je ne vous en ferai pas le détail; vous ſaurez ſeulement qu'ayant refuſé l'hommage & la main de pluſieurs Souverains, elle ſe précipita un jour dans la riviere, chargée du poids de ſes armes, à la vue de tout le Peuple qu'elle avoit aſſemblé, & à la ſuite d'un ſacrifice qu'elle venoit de faire aux Dieux. On la retira du fleuve; on lui éleva un ſuperbe monument à une lieue de Cracovie, ſur le mont qui porte ſon nom.

Je vous avois promis la deſcription des mines d'argent d'Ilkuſch; mais je ne puis vous tenir parole; parce que nous nous embarquons demain pour Varſovie, & je n'ai que le temps d'achever cette Lettre, & de faire ma malle.

Je vous embraſſe, & ſuis, &c.

LETTRE

LETTRE XI.

Nous venons de defcendre la Viſtule depuis Cracovie juſqu'à Varſovie, capitale de la Maſovie, & à préſent de tout le Royaume. Les villes où nous avons paſſé ſont peu remarquables, & les aventures que nous avons eues juſqu'ici ne méritent pas d'être racontées.

Nous avions déjà paſſé quelques maiſons du fauxbourg, lorſqu'un vent furieux accélérant la rapidité ordinaire du fleuve, emporta notre bateau avec tant de vîteſſe, que le Patron abandonna le gouvernail, n'étant plus en ſon pouvoir de le diriger. Il nous affuroit que nous touchions à notre derniere heure, parce qu'en peu de minutes nous allions être briſés contre le pont.

En vain l'exhortâmes-nous à faire

E

quelques manœuvres pour nous fauver ;
mais prieres & menaces, tout fut inu-
tile, il continua de refter à genoux,
où je crois qu'il prioit de bien bon
cœur.

Cependant nous étions toujours emportés avec une rapidité étonnante ;
du rivage, on nous jettoit des cordes,
fans que nous puffions jamais les ac-
crocher. Un Pêcheur, auffi compatif-
fant & plus courageux que les autres
fpectateurs de la trifte fcene que nous
devions donner, s'élance dans le fleuve
bien au-deffous de nous, nous donne
une corde qu'il avoit attachée à des
radeaux, & s'expofe ainfi à la fureur
des eaux, & à être écrafé en paffant
par notre bateau. C'eft à cet honnête
homme que nous dûmes notre falut.
Nous approchâmes du rivage ; les plus
preffés fe jetterent précipitamment fur
les radeaux qui étoient attachés : un
de nos gens fe jetta dans la riviere ;
mais comme elle avoit peu de fonds

en cet endroit, il en fut quitte pour la peur : ce qui eût pu être plus malheureux, c'eſt qu'on lacha la corde ; & nous aurions encore été emportés, ſi notre bateau ne ſe fût embarraſſé parmi d'autres qui étoient ancrés. C'eſt ce qui nous ſauva pour la ſeconde fois.

Enfin, nous mîmes le pied en terre ferme. Le Baron de Rullecour nous traita ſplendidement à ſoupé, & il nous annonça que le ſoir même, nous ſortirions de la ville pour aller coucher de l'autre côté du fleuve. Mais ce même pont contre lequel nous avions failli périr quelques heures auparavant, fut encore pour nous une ſeconde fois un lieu de malheur. Comme nous nous acheminions de ce côté, quelques-uns de mes camarades, peut-être un peu échauffés des fumées d'un vin dont nous avions bu copieuſement, approcherent une dame, qui venoit, nous dit-on, du côté de la Comédie ; & du geſte & de la parole, lui expli-

querent peut-être auffi un peu trop
cavalièrement, l'effet que fa vue avoit
opéré en eux. Celle-ci les repouffa
avec des termes de mépris. Nos Meffieurs infifterent. Un Aide-de-Camp du
Roi, qui venoit du même côté que
cette dame, voulut en impofer aux
François; ceux-ci l'envoyerent paître
des oies: l'Officier Polonois appelle la
Garde du pont pour les faire arrêter;
mes camarades coururent à leurs armes
qui étoient dans la voiture, & firent
bonne contenance. Cependant nous
arrivâmes tous fucceffivement au pont,
& ayant mis l'épée à la main, nous
fondîmes fur la Garde, fans trop favoir
pourquoi. Les Soldats Polonois plie-
rent d'abord; mais ayant été renforcés
de la Garde du château, ils nous af-
faillirent de toutes parts. Plufieurs de
nous furent bleffés; le Chevalier de
Salignac, jeune homme de la plus
grande efpérance, après avoir reçu
plufieurs coups de bayonnette dans le

corps, fut jetté dans le fleuve. Sur ces
entrefaites, le Baron de Rullecour ac-
courut au pont; & ayant fait ceffer le
défordre par fa préfence, nous fûmes
tous conduits chez le Comte de Bruhl,
Commandant de la ville. Cet Officier,
porté d'inclination pour les François,
fe contenta de repréfenter aux plus cou-
pables le tort qu'ils avoient eu, &
nous partîmes la même nuit pour Wilna. Puifque j'ai nommé M. de Bruhl,
je veux vous le faire connoître un peu
plus particulièrement. Il eft grand, &
bien fait dans toute fa perfonne. Son
pere étoit Saxon, & premier Miniftre
du Roi de Pologne Augufte de Saxe.
Il obtint des Lettres d'indigénat, pour
lui & fa poftérité. Son fils aîné, le
Comte de Bruhl, Gouverneur de Varfovie, eft auffi grand Maître de l'Artillerie du Royaume & Chevalier des
Ordres du Roi. Il eft généralement
eftimé de toute la Nation, & chéri de
tous ceux qui ont quelque liaifon

E iij

avec lui. Son palais m'a paru fort
vaſte.

Le pont qui joint Varſovie à Prague
eſt un des plus beaux qu'il y ait en
Europe. Il a environ trois cents toiſes
de longueur. Prague eſt un gros village, ou plutôt un des fauxbourgs de
Varſovie, en-deçà de la Viſtule. Son
nom eſt devenu fameux depuis la bataille qui s'y donna aux environs,
entre les armées de Pologne & de
Suede, commandées par leurs Rois,
Caſimir & Charles-Guſtave. Les villes
les plus conſidérables que nous ayions
vues dans notre route, ſont Bielsko,
Capitale de la Podlachie; elle eſt ſur
une petite riviere : Grodno ſur le
Niémen; c'eſt dans cette ville que ſe
tient tous les trois ans une eſpece de
foire, où l'on vend des contrats, l'on
renouvelle les baux, &c. Toute la
Nobleſſe des deux Etats s'y raſſemble;
mais la plupart n'y vont que pour leurs
amuſemens: les affaires ſont le prétexte.

du voyage, le plaisir en est le vrai motif. On y joue toujours le plus gros jeu, & il y a alors bal & comédie.

Troki, capitale du Palatinat du même nom, vient après; cette ville fut presque entièrement incendiée par les Russes en 1655. Enfin, nous sommes arrivés à Wilna, le douzieme jour de notre départ de Varsovie. Notre Régiment est dans un petit village appellé le Zakreta, à trois quarts de lieue d'ici. Wilna, capitale de la Lithuanie, se trouve au confluent des rivieres de Wilna & de Vilia; celle-ci se décharge dans le Niémen à Kowno. La ville est assez grande, mais bâtie en bois; une grande partie de l'enceinte appartient à des Religieux. Il y a une citadelle, une Université fondée en 1579, & un évêché qui est le seul qui soit en Lithuanie; il est suffragant de Gnesne. Il fut établi par Jagellon. Ce Prince, d'abord Grand-Duc de Lithuanie, épousa Hedwige,

fille de Louis de Hongrie Roi de Pologne ; Jagellon obtint cette couronne
après la mort de fon beau-pere, s'étant
fait baptifer en 1386. Il ne régna que
quatre ans, fous le nom de Ladiflas V.
Son regne fut le principe de la réunion des deux Etats de Pologne &
de Lithuanie ; réunion pourtant, qui
ne fut parfaitement accomplie qu'en
1569. C'eft de ce Jagellon que font
iffus les Princes Czatorinski, les plus
puiffans Seigneurs du Royaume. La
mere du Roi de Pologne actuel, étoit
de cette illuftre famille. Ladiflas V.
donna le Palatinat de Wilna à Radzivil
fon favori, qui fe fit baptifer fous le
nom de Nicolas, nom qu'ont porté
depuis tous les aînés de cette augufte
famille. L'Empereur Maximilien I
donna le diplôme de Prince de l'Empire à Nicolas III de Radzivil, Palatin de Wilna. Ce Palatinat n'eft prefque
jamais forti de cette famille, auffi illuftre par fon ancienneté, par le rang

qu'elle a toujours tenu, que par ses alliances. Elle a donné des Cardinaux, plusieurs grands Maréchaux, des grands Chanceliers, & des grands Généraux de Lithuanie. Janussius de Radzivil, Duc de Bierse, épousa en 1613 Elizabeth-Sophie, fille de Jean-Georges Electeur de Brandebourg. En 1681, Louise-Charlotte Princesse de Radzivil, épousa en premieres noces Louis de Brandebourg, fils de Frédéric-Guillaume Electeur de Brandebourg ; en 1688, elle fut mariée en secondes noces à Charles-Philippe de Baviere, fils de Philippe-Guillaume Electeur Palatin. Par tout ce que je viens de vous dire touchant cette auguste maison, vous devez comprendre qu'elle est une des premieres des deux Etats. Ses biens sont immenses.

Le Prince-Evêque de Wilna est de l'illustre famille des Princes Massalski ; c'est lui qui a créé notre Régiment, & qui l'a donné à la République, aux

L v

conditions qu'il porteroit le nom de
Maffalski, & qu'un Prince de fa famille en feroit toujours Colonel pro-
priétaire. Celui que nous avons à préfent, fait fes études à Paris au Collége
de Louis-le-Grand. Ce Prélat, que
l'on avoit foupçonné être un des prin-
cipaux acteurs des derniers troubles
de Lithuanie, eft entièrement rentré
dans les bonnes graces du Roi. Il n'eft
pas moins recommandable par toutes
les qualités du cœur & de l'efprit, que
par fon rang & fes richeffes. Toujours
occupé de ce qui peut accroître les
connoiffances de fes Concitoyens, &
tendre au bien de l'humanité, il vient
de fonder en cette capitale une chaire
d'Anatomie, la premiere qui ait exifté
dans les deux Etats. L'ouverture en a
été faite par M. Reignier, Chirurgien
François. La proximité de notre quartier à cette ville, fait que nous y
fommes toute la journée. Il y a beaucoup de Nobleffe, & peu de Société,

Je vais me mettre un peu plus au fait de ce qui la regarde, ainſi que de ce qui peut avoir rapport au Grand Duché de Lithuanie , pour vous en faire men-tion dans ma premiere Lettre.

Je ſuis , &c.

LETTRE XII.

LE Grand-Duché de Lithuanie avoit ses Souverains particuliers qui tous furent idolâtres, jusqu'au regne de Jagellon. Depuis que cet Etat a été uni à la Pologne, il fait partie de la République ; il a ses grands Officiers & son armée à part ; & dans les dietes générales, tout s'y regle par l'unanimité des suffrages des deux Nations.

L'Histoire Naturelle de ce pays offre peu de choses rares. On trouve dans quelques endroits, du *succin-fossille*. C'est une espece de résine très-aromatique qui est par couches, & toujours au-dessous de quelque tronc pourri ; ce qui fait soupçonner qu'il est formé du suc qui a découlé du bois, & qui s'est amalgamé avec du vitriol, du gravier, &c. Le *succin* est un des premiers ingrédiens qui entrent dans la compofition de *l'eau de Luce*.

On prétend que les Lithuaniennes font exemptes en hiver, de la maladie périodique à laquelle eft affujetti le beau fexe. On en attribue la caufe au grand froid qui refferre les folides. Il y a dans certains endroits, une efpece de cochenille très propre, m'a-ton dit, à teindre en écarlate. C'eft un petit infecte de la groffeur d'un grain de chapelet, & qui fe tient attaché à la racine d'une plante femblable au *pied de lion*. Son ufage remplace en Médecine le kermès. Le miel abonde dans ce pays. Auffi l'hidromel eft la boiffon la plus commune. Il y a apparence que l'odeur & la liqueur qui fuinte des fapins, attirent les abeilles ; car les forêts plantées de ces arbres font des repaires de ces infectes. Les Lithuaniens ont grand foin de faire leurs ruches de ce bois.

La Lithuanie eft fort marécageufe ;

peu cultivée, & prefque par-tout cou-
verte de grands arbres. On y trouve
des ours & des loups en quantité. Les
grands Seigneurs font leur principale
occupation de la chaffe. Le Comte
Oginski, grand Général du Duché,
avoit confacré depuis quelques années
une partie de fes revenus à ouvrir un
canal de communication entre la mer
Baltique & la mer Noire, par la
jonction des rivieres de Niémen & de
Przipiecz. Cinq cents vaffaux de ce
Seigneur y travailloient journellement.
Mais ce grand ouvrage a été difcon-
tinué pendant les derniers troubles. Un
Souverain qui l'auroit entrepris pourroit être fufpecté d'un motif d'intérêt
particulier, quoiqu'en procurant le
bien à fes Peuples. Il feroit pourtant
admiré. Quel fentiment de reconnoiffance ne doit-on pas au Comte Oginski, qui n'a d'autre objet en vue que
d'augmenter les richeffes de fes Pa-
triotes, aux dépens des fiennes pro-

pres ? car ce canal procurera le moyen d'exporter à peu de frais les denrées du pays, & d'attirer ainſi le commerce & l'abondance chez une Nation qui n'a jamais connu ni l'un ni l'autre.

La Cour du grand Général eſt comparable à celle de beaucoup de Souverains. Il a toujours à ſa ſuite un concert compoſé de ce qu'il y a de meilleurs Muſiciens en Europe. Les avenuès de ſon palais ſont toujours garnies de troupes, & il a pour ſa garde particuliere une Compagnie de Janiſſaires. Ce Seigneur étant entré dans la Confédération de Bar, par les conſeils de M. Chominski, remporta d'abord pluſieurs avantages contre les Ruſſes (en 1771). Mais ſes troupes ayant été miſes en déroute par celles du Général Sueworof, il fut obligé de prendre la fuite ſans équipage ni argent, accompagné de quelques Seigneurs attachés à ſa fortune. Il s'en fut tout de ſuite à Dantzik,

d'où il paſſa en France. L'accueil qu'il
y reçut l'a attaché pour toujours à
notre Nation. Mais depuis ayant fait
accepter ſa rétractation à ſon Souverain, il eſt rentré dans la jouiſſance
de tous ſes biens, & des prérogatives
& revenus attachés à ſa charge. Elle
répond pour le pouvoir à celle des
anciens Colonels généraux de l'Infanterie Françoiſe. Elle eſt à la nomination du Roi, quand elle vaque par
mort ; autrement le titulaire peut dé-
ſigner ſon ſucceſſeur. Il a le droit de
nomination à tous les emplois vacans
de l'armée, juſqu'au grade de Capitaine
incluſivement. Les Officiers de l'Etat-
Major ſont brevetés du Roi. Le grand
Général de la Couronne a le même
pouvoir. Ces charges donnent encore
la libre diſpoſition des mouvemens
des troupes.

Il n'y a pas, je crois, de pays au
monde, où l'on vive à ſi bon marché
qu'en Lithuanie. La viande de bou-

cherie y eſt graſſe & ſucculente, au-
delà de toute expreſſion, & un mou-
ton ne ſe vend que trois ou quatre
florins *. La boiſſon eſt l'hidromel ou
petite biere, & coûte deux gros
(liards) le pot. Le gibier & la volaille
ſe vendent à proportion ; les canards y
ſont meilleurs que par-tout ailleurs.
Vous comprenez que nous devons faire
bonne chere, & à peu de frais. Pluſieurs de nos Meſſieurs ont des Cuiſi-
niers, & il leur en coûte moins qu'à
moi, qui ſuis à l'auberge à 18 livres
par mois.

La partie de la Lithuanie échue en
partage à la Ruſſie, lors du démembrement de la Pologne, eſt connue
ſous le nom de Nouvelle Ruſſie Blanche. Elle eſt partagée en deux Gou-
vernemens. L'un eſt celui de Mohilow ;
l'autre, celui de Pokowitz. Le lot de

---

* Le florin de Pologne eſt à-peu-près douze ſols
de France.

l'Autriche eft le plus confidérable, quoique de moindre étendue que celui de la Ruffie. Les revenus feuls des falines de Wilitska rapportent plus que toute la *Nouvelle* Ruffie Blanche. La portion échue en partage au Roi de Pruffe ne contient gueres plus de neuf cents lieues quarrées. Mais c'eft un pays très-fertile & bien peuplé. Je me fuis un peu éloigné de mon fujet; ce qui pourra vous faire paroître mon Epître un peu trop longue : auffi je finis, vous priant de croire que perfonne n'eft plus que moi, votre Ami.

LETTRE XIII.

J'AI été bien long-temps fans vous écrire, mon cher Ami, parce que depuis ma derniere Lettre, j'ai été embarqué dans les aventures les plus extraordinaires, fans avoir eu le temps, ni l'occafion de vous donner de mes nouvelles. Je profite du premier moment de repos pour vous écrire, ainfi qu'à mon pere.

Un Heiduque de M. Eidziadowitz, Enfeigne du Palatinat de Smolensk, avoit pris parti dans notre Régiment, peut-être un peu contre fon gré. Au premier moment favorable, il a déferté, & s'en eft allé chez fon maître. Le Baron de Rullecour, averti de fa fuite, fit courir après lui jufques fur les terres de M. Eidziadowitz. Ce Gentilhomme, à la tête de fes vaffaux, défarma notre détachement; on envoya un Officier du Corps pour réclamer les armes, & le Déferteur ; le mauvais fuccès de cette feconde démarche décida notre Colonel à y envoyer la Compagnie des Cadets Gentilshommes, avec quelques Soldats du Régiment aux ordres d'un jeune Capitaine François. Cette démarche fut plus heureufe que les précédentes. M. Eidziadowitz rendit les armes, & vint lui même à Vilna avec le détachement. Le Baron de Rullecour le reçut avec diftinction. Il fit prendre les armes au Régiment, pour que M. Eidziadowitz put reconnoître ceux qui, difoit-on, avoient fait du dégât fur fes terres. Mais ce Gentilhomme répondit qu'il n'avoit à fe plaindre de perfonne ; qu'il prioit M. de Rullecour de regarder comme non avenus les petits différends qu'ils avoient eu enfemble relativement à fon Heiduque ; & qu'il n'étoit venu à Vilna que pour lui demander fon amitié. Il fut traité

splendidement pendant son séjour, &
il partit avec l'apparence d'un homme
satisfait. Mais au lieu de retourner
chez lui, il fut protester tout de suite
contre tout ce qu'il avoit avancé ; assurant qu'il avoit été conduit par force
au Régiment ; & que là, le Baron de
Rullecour l'avoit averti en particulier,
que s'il ne disoit point en présence
de la garnison, toutes les choses obligeantes (pour lui Colonel, & pour
son Régiment) qu'il avoit dites en
effet, il lui feroit subir le traitement
le plus cruel. En conséquence, il de-
mandoit justice au Roi du Colonel,
des Soldats qui avoient dévasté ses
terres, & du Capitaine qui les com-
mandoit. M. le grand Général Oginski,
en vertu des pouvoirs de sa charge,
établit un Conseil de guerre pour juger
cette affaire, auquel le Général Morawski devoit présider. L'ordre de
M. le grand Général portoit que M. de
Rullecour eût à se rendre tout de

fuite chez M. Morawski; cependant l'Officier qui lui remit cet ordre, lui dit de bouche de fe tranfporter chez le Lieutenant-colonel Paplouski, commandant à Wilna. Ces deux ordres contradictoires firent foupçonner à notre Colonel que le Confeil de guerre n'étoit qu'un prétexte pour s'affurer de fa perfonne; en conféquence, il répondit que felon les loix militaires, il devoit être interrogé dans le lieu de fa garnifon & fous fes drapeaux, & qu'il prioit Meffieurs les Commiffaires de vouloir bien fe conformer à cette regle. Cependant comme l'ordre de M. le grand Général étoit pofitif, il fe rendit chez M. Morawski, qui étoit abfent dans ce moment. Le lendemain il y fut encore avec M. le Général Gerfdorff, commandant les troupes Ruffes. Meffieurs les Commiffaires avouerent alors qu'ils avoient ordre de faire arrêter M. le Baron de Rullecour. Mais le Général Ruffe déclara que cet

Officier étoit sous la protection de S. M. I. La Commission fut fermée, & dépêcha un Courier à M. le Comte Oginski. Ce Seigneur vint lui-même incognitò à Wilna, ayant à cœur de pousser cette affaire à bout. Notre Colonel qui avoit à en craindre les suites, soit qu'il fît de la résistance, soit qu'il se rendît prisonnier, résolut de quitter son Régiment & de se rendre à Varsovie. Il engagea Messieurs les Cadets de la Compagnie Noble à le suivre, & nous le fîmes avec plaisir, parce que nous lui sommes fort attachés. Il nous distribua des cartouches, & nous partîmes pour Varsovie, le fusil sur l'épaule. Pendant notre route, nous avons eu plusieurs escarmouches ; mais arrivés à Grodno, nous fûmes surpris par un Corps de Hulans, qui firent prisonniers la plus grande partie de la Compagnie. Le Baron de Rullecour s'échappa d'un côté avec trois de mes camarades, & j'eus le même bonheur

avec un autre. Comme nous ne con-
noiſſions pas le pays, & que nous
étions obligés d'errer à l'aventure dans
les · bois, nous ne ſommes arrivés à
Varſovie que le neuvieme jour de
cette malheureuſe affaire, couchant
dans les forêts, & n'ayant ſouvent pour
toute nourriture que des racines & des
herbes crues. Notre Colonel y eſt arrivé
ſix jours avant nous ; il a préſenté au
Roi un mémoire que je vous envoie ;
il eſt plus détaillé que ma Lettre. A
préſent j'ignore quel ſera le ſort de mes
camarades, celui du Baron, & le mien.
L'amitié de M. de Stakelberg, Ambaſſadeur de Ruſſie, pour notre Colonel, nous aſſure preſque la protection
du Roi. Mais le nombre des ennemis
du Baron augmente tous les jours ; ſes
plus irréconciliables ſont de ſa Nation :
parmi ceux-ci, les uns ſont jaloux de
ſon grade, les autres ſe plaignent de
les avoir attrappés en promettant des
emplois, qu'il ſavoit très-bien n'être
pas

pas à fa nomination. Enfin, ce pauvre diable éprouve tous les jours quelque nouveau défagrément. D'autre part, on attaque fa réputation ; on prétend que fans rendre aucun compte des fonds qu'il avoit pour la paye du Régiment, il les a emportés : connoiffant le pouvoir & l'acharnement de fes ennemis, je ne doute point qu'il ne fuccombe, & qu'on ne le facrifie à la haine de gens que l'on doit ménager dans les circonftances.

Le grand Général de Lithuanie a mis fa tête à prix, & on prétend que cet Officier veut porter la févérité à l'excès envers les Cadets-Gentilshommes qui ont été faits prifonniers à Grodno.

Je fuis, &c.

F

LETTRE XIV.

LE Baron de Rullecour vient de partir pour Paris. Son voyage eft encore un myftere pour bien des gens. Mais il m'en a fait la confidence. Il craignoit, m'a-t-il dit, que quelques voies de fait à fon fujet, entre les troupes Ruffes qui le protégent, & celles de Pologne, n'entraînaffent un embrafement général. Je trouve le parti qu'il a pris très-prudent; mais j'aurois voulu qu'avant fon départ, il eût laiffé un mémoire plus juftificatif de fa conduite & de l'emploi des fonds qui lui avoient été confiés pour la paye de fon Régiment, que celui qu'il a fait paroître. Le Confeil de guerre affemblé à Wilna l'a déclaré par contumace rebelle & déferteur, & le caffe comme tel. Ce jugement l'inquiete peu; c'eft l'accueil qu'on lui fera en France qui le chagrine. Comme j'imagine que vous defirerez connoître cet homme extraordinaire, je vais vous faire part de tout ce que j'ai recueilli à fon fujet, vous avertiffant que je puis avoir été fort mal inftruit, & qu'ainfi je ne vous garantis mon récit, que de l'inftant où j'ai connu le Baron.

Des perfonnes de fon pays m'ont affuré qu'il eft d'une bonne famille bourgeoife de Lille en Flandres; lui, au contraire, fe dit Gentilhomme, & j'ai vu de mes yeux des papiers revêtus des formes les plus authentiques qui prouvoient une longue fuite d'ayeux qui ont porté les armes avec diftinction, & qui y font qualifiés de Nobles. Je commence par fon portrait. Sa taille peut être de 5 pieds 5 pouces; il a le vifage pâle & alongé, le nez aquilin & tortu, les yeux pleins de feu, quoique très-louches. Son corps eft affez élancé, fans être pourtant trop mince, fes jambes un peu torfes,

mais très - dégingandé dans toute fa
perfonne. Plein d'efprit, bon ami,
brave jufqu'à la témérité, ayant des
connoiffances de fon métier, mais
encore plus de prétentions, mauvais
joueur, & ayant joué toute fa vie le
plus gros jeu poffible ; tel eft en peu
de mots, au phyfique & au moral,
l'homme que je veux vous faire
connoître. Pouffé de la paffion du
fervice, il follicita de l'emploi en
France dans fon jeune âge. N'ayant
jamais pu en obtenir, il paffa en
Efpagne, où il fe flattoit de trouver plus de facilité. Ses follicitations
n'eurent pas un meilleur fuccès dans
ce pays que dans fa patrie, & fa
bourfe épuifée ne lui laiffa d'autre
parti que celui de s'engager. Il fe fit
préfenter pour cela au Colonel des
Gardes Vallones. C'étoit un vieux
Seigneur attaqué de la goutte aux
jambes. Quand il eut vu Rullecour, il
dit à celui qui le lui préfentoit : *Cee*

homme ne vaut rien. Il manque de jambes.

Parbleu, lui répartit Rullecour, *vous voudriez bien en avoir d'auffi bonnes, Monfieur le Duc.* Cette faillie, quoiqu'un peu libre, plut infiniment au vieux Seigneur, qui le prit dans fon Régiment, & lui promit qu'il l'avanceroit. Il ne fut pas difficile au nouveau Soldat de gagner la confiance de fon Colonel ; il avoit en lui tous les moyens néceffaires. Beaucoup d'efprit, de la foupleffe, une grande facilité de s'énoncer, & la qualification qu'il s'étoit donnée (vraie ou fauffe) de Gentilhomme, étoient des titres plus que fuffifans pour capter la bienveillance du Duc.... Auffi ne tarda-t-il pas de lui en donner des preuves, en lui permettant d'aller faire des recrues dans les Pays-Bas, avec le grade de bas Officier. Il fut à.... L'objet de fa miffion fut le moindre de fes foucis. Il joua gros jeu, gagna beaucoup d'argent, monta fon équipage en Officier des plus aifés, & prit la route de Paris. En paffant une terre appartenante à M. le Marquis de...... il tomba de la voiture, & fe caffa une jambe. Le Chirurgien du château fut appellé. Celui-ci en fit part au Marquis de.... & ce Seigneur, auffi recommandable par les qualités du cœur que par fes connoiffances en tout genre, le fit porter au château pour qu'il fût plus à portée de recevoir les fecours dont il auroit befoin pendant le cours de fa maladie. Les mémes moyens qui avoient fi bien réuffi en Efpagne à Rullecour, pour gagner la bienveillance de fon Colonel, eurent le même fuccès auprès du Marquis de..... Il l'engagea de s'attacher au fervice de France, lui promit fa protection, & lui offrit en mariage une demoifelle à qui il prenoit le plus vif intérét, & qui réuniffoit à une figure agréable, toutes les qualités qui peuvent rendre un homme heureux. Ce Seigneur se chargea de la fortune de ce couple qu'il promit d'aimer comme ses enfans, & à qui il permit de lui donner le nom de pere. Rullecour sentit trop bien tout ce que cette alliance lui procuroit d'avantageux, pour ne pas en presser la conclusion. Je ne sais si Mademoiselle de..... partagea l'empressement de son futur; mais quoi qu'il en fût, la noce se fit, & le fortuné Rullecour eut presqu'au même instant une femme charmante, une dot considérable, une Compagnie dans le Régiment de Naſſau - Huſſard, & une perspective très-flatteuse pour l'avenir. Mais son bonheur ne fut pas durable : il vint à Paris, joua & perdit beaucoup ; il fit de même dans les garnisons, & en peu de temps, il diſſipa, non-seulement tout ce qu'il avoit d'argent, mais s'endetta même beaucoup. Le Marquis de..... suivant l'impulsion de son ca-

ractere bienfaifant, paya plufiéurs fois
fes dettes. Enfin, laffé par la conduite
de Rullecour qui avoit fini par vendre
fa Compagnie, il lui fignifia qu'il
n'eût plus à compter fur des bontés
auxquelles il répondoit fi mal. Mais
cependant il ne les lui retira pas de
maniere à lui ôter tout efpoir. Il garda
toujours Madame de Rullecour auprès
de lui : & comme fon mari témoigna
vouloir fervir en Ruffie, qui étoit
alors en guerre avec la Porte, le Marquis de P.... lui fit avoir avant fon
départ le brevet de Major de Cavalerie au fervice de France, lui donna
des lettres de recommandation pour la
Cour de Saint-Péterfbourg, & lui four-
nit généralement tous les moyens de
faire ce voyage agréablement, & de
pouffer fa fortune. Le nom du Marquis de.... étoit en fi grande vénération en Ruffie, que fon protégé y fut
d'abord reçu à bras ouverts. Rullecour, flatté de cet accueil, voulut y

répondre en grand Seigneur. Il. fe donna un équipage élégant, une livrée nombreufe, des habits magnifiques, des bijoux, &c. La fortune qui d'abord le favorifa au jeu, le mit à même de foutenir quelque temps ces airs de grandeur. Il efpéroit peut-être que les appointemens d'un emploi fupérieur (fur lequel il comptoit) fuffiroient pour foutenir ce train de dépenfe. Mais la fortune lui devint bientôt auffi contraire, qu'elle lui avoit été favorable : jufqu'alors il n'avoit fait qu'annoncer l'objet de fon voyage, fans preffer abfolument fes protecteurs; mais fentant qu'il approchoit de fes dernieres pieces, il demanda une audience au Miniftre de la Guerre auquel il étoit particulièrement recommandé. Ce Seigneur le reçut avec bonté, lui témoignant le défir qu'il auroit d'attacher au fervice de S. M. I. un Officier de la diftinction de M. le Baron. (Il s'étoit annoncé fous ce titre.) Cet accueil ne fit qu'enfler les prétentions de Rullecour; il les avoit déjà fort hautes. Mais il fallut les juftifier; & n'ayant jamais eu· l'heureuſe occaſion de ſe fignaler *, il ne put produire que des certificats de ſervice en temps de paix, & ſes brevets. On n'eut égard qu'à celui de Capitaine, celui de Major n'étant pas effectif; & on lui offrit une Lieutenance de telle arme qu'il préféreroit, parce que les Cours Impériales ont la prétention de faire perdre un rang à tout Officier Etranger qui s'attache à leur ſervice. Une pareille offre ne pouvoit convenir en aucune façon à M. de Rullecour, ſoit relativement à ſon ambition, ſoit qu'il

---

* Au ſervice de Ruſſie, on compte pour rien toutes les faveurs de la fortune, comme la naiſſance, les richeſſes, &c. le mérite ſeul eſt avancé: & ce mérite, c'eſt l'ancienneté du ſervice, & les actions d'éclat. Les préjugés de cette Nation different abfolument des nôtres; j'ai vu les enfans d'un très-grand Seigneur faire, auprès d'un Général parvenu, un ſervice qui humilieroit nos ſimples Soldats.

eût craint de compromettre la dignité du service François. Aussi répondit-il au Ministre avec toute la fierté possible, & elle convenoit peut-être en ce moment. Voyant ses affaires ruinées dans tous les sens à Petersbourg, il vint à Varsovie ; il s'annonça comme parent du Marquis de P.... & il trouva dans la bourse & dans la protection d'un Seigneur François * qui voyageoit en Pologne, les moyens de paroître avec distinction dans un pays où on s'attache beaucoup à l'écorce. A la vérité, les Polonois font braves, généreux, spirituels, pleins d'honneur, &c. mais ils font d'une légèreté, qui ne peut être comparée qu'à celle de nos Petits-Maîtres François. M. de Rullecóur fut présenté dans toutes les bonnes maisons, & il acquit principalement l'amitié du Baron·de Stakelberg, Ambassadeur de Russie, qui le

---

* M. le Duc de Lauzun.

F vj

fit accepter pour Adjudant-général au
Comte Oginski , grand Général de
Lithuanie. Pendant son séjour dans
cet état, il lia connoissance avec l'E-
vêque-Prince de Vilna ; il lui persuada
de créer un Régiment, dont le Colonel titulaire, ainsi que je vous l'ai
déjà dit, seroit toujours un Prince de
la maison de Massalski. Ce Prélat
ayant adopté ce projet, il paroissoit
naturel que le Baron de Rullecour eût
le commandement de ce Corps ; &
c'est de cette époque, si glorieuse en
apparence , que datent tous ses malheurs. Il assura qu'ayant décidé Mon-
seigneur l'Evêque de Wilna à ne nom-
mer jamais que des François aux différens emplois du Régiment, M. le
grand Général avoit consenti de bon
cœur à cet arrangement, & même
que ce Seigneur l'avoit chargé de sol-
liciter auprès de M. le Comte du
Muy (alors Ministre de France) ,
l'envoi d'un nombre suffisant d'Offi-

ciers. M. le Comte Oginski nie le fait dans tous ses points, & dit au contraire que M. de Rullecour lui ayant fait l'ouverture de son projet, il lui avoit très-fort conseillé de n'y pas songer. Ce conseil de M. le grand Général auroit dû être un ordre très-exprès pour M. de Rullecour. Cependant cet Officier vint à Paris; il fit l'achat d'armes & d'habits, & il enrôla sous les drapeaux de la République, un nombre bien plus que *suffisant* pour remplir les emplois de son Régiment, & dont cependant la nomination étoit déjà faite avant son voyage en France. Je n'en conclus pas de là qu'il eut le projet de tromper ceux à qui il promit des Compagnies ou des Lieutenances; je crois, au contraire, qu'il s'étoit abusé lui-même, & qu'il comptoit pouvoir doubler son corps. Peut-être aussi écouta-t-il trop sa vanité. Il crut faire preuve d'un grand crédit dans sa patrie, par l'émigration de tant d'Officiers qui s'étoient attachés à fa fortune. D'ailleurs, le fervice auquel il les deftina femble juftifier mes idées ; car il a toujours eu deux Cadets - Gentilshommes de garde dans fon antichambre. Vous voilà à préfent, mon cher, tout auffi inftruit que moi fur le chapitre de ce célebre aventurier. Encore quelques traits de lui vous feront abfolument connoître fon caractere. Il jouoit un jour très-gros jeu, dans une maifon où toute la Cour étoit raffemblée. Un Seigneur, dont le nom eft terminé en *ius*, tenoit les cartes ; il s'agiffoit d'un coup très-intéreffant pour M. de Rullecour, qui perdoit déjà l'impoffible. Sa carte arrive en perte : il fe leve comme un furieux ; & frappant la table d'un grand coup de poing : *Parbleu, Monfieur*, dit-il au Banquier, *vous avez un nom Romain ; mais le Diable m'emporte, vous êtes bien Grec :* & il fort fans attendre de réponfe.

Plufieurs affaires qu'il avoit eues, & dont il s'étoit tiré avec honneur, lui en attirerent une tout-à-fait défagréable. Un jeune Officier de quatorze à quinze ans, Gentilhomme Polonois, ayant fouvent entendu parler du Baron comme d'un homme un peu crâne, crut qu'il rendroit fervice à fa patrie, s'il l'en délivroit. En conféquence, il lui fit préfenter un cartel en regle pour le lendemain. M. de Rullecour fentit combien ce combat feroit défagréable pour lui, quelle qu'en fût l'iffue. Il alloit fe mefurer avec un enfant; quelle gloire auroit-il à le battre? & fi malheureufement le contraire arrivoit, quelle honte pour lui? D'autre part, il fe déshonoroit s'il ne fe trouvoit pas au rendez-vous; car quelque jeune que fût fon adverfaire, il étoit Officier, & ce titre devoit faire oublier fon âge. Ce duel fit beaucoup de bruit, de forte qu'au jour affigné il y avoit deux mille per-

fonnes fur le champ de bataille. À
l'heure précife, les champions parurent
à cheval avec leurs feconds ; & felon
la loi des duels *, Rullecour tira le
premier ; mais foit mal-adreffe, manque de fang froid, ou (comme il le
dit lui même) qu'il ne voulût pas vifer
fon adverfaire, il le manqua. Le jeune
homme tira fon coup, & fa balle rafa
la cuiffe de Rullecour, & lui fit une
affez longue écorchure. Le Polonois
voulut recommencer le combat ; mais
les feconds, de part & d'autre , s'y

---

* Les duels font tolérés en Pologne , pourvu qu'on
fe batte à trois lieues de la réfidence du Roi, & que
l'on ait un certain nombre de fpectateurs. On ne fe
bat gueres qu'au piftolet ; une loi bien fage veut que
l'offenfé tire le premier fur fon adverfaire, qui doit
fe tenir debout à quinze pas loin. Peut-être les duels
feroient moins fréquens en France, fi, au lieu de les
défendre , le Gouvernement adoptoit fimplement les
loix de Pologne. Le nombre des fpectateurs met à
l'abri des affaffinats ; & l'obligation d'être tiré le premier rendroit plus circonfpects beaucoup de fanfarons,
qui fouvent ne s'expofent à avoir des affaires, que
parce qu'ils comptent fur leur habileté à manier l'épée.

oppoſerent, & firent embraſſer les combattans. La poſte va partir; dans ma prochaine Lettre, je vous dirai quelque choſe de ce Royaume.

LETTRE XV.

J'AI différé de vous écrire, mon cher, pour me mettre plus à même de vous donner une idée de la Pologne.

Le Gouvernement est militaire, il est à la fois monarchique, & aristocratique ; c'est-à-dire, qu'il est partagé entre le Roi & la République. Celle-ci est représentée par le Sénat, & les Députés de l'Ordre Equestre.

Le Sénat est composé des Archevêques & Evêques du Royaume ; du Castelan de Cracovie, de tous les Palatins, Starosts & Castelans des deux Etats, & de dix Officiers Sénateurs, qui font le Grand-Maréchal du Royaume, le Grand-Maréchal du Duché ; les Grands-Chanceliers de ces deux États ; leurs deux Vice-Chanceliers : leurs deux Grands-Tréforiers ;

& les deux petits Maréchaux de la Pologne, & de la Lithuanie.

L'Ordre Équeſtre, autrement dit la Nobleſſe, eſt repréſenté par des Nonces ou Députés.

Cette forme de Gouvernement, que l'on trouve excellente en Angleterre avec quelques modifications, eſt très-vicieuſe dans ce pays. Là, le Peuple a des Repréſentans ; il eſt quelque choſe : ici, il eſt moins que rien ; il eſt eſclave. Chez les premiers, la royauté eſt héréditaire ; chez les ſeconds, elle eſt élective : ſource de diviſion ; occaſion de placer ſouvent ſur le trône, non pas le plus méritant, mais le plus riche ; & cauſe de la foibleſſe du pouvoir royal, & de la décadence de cet État.

Que peut-on attendre d'un Peuple eſclave ? & que peut une Nobleſſe, nombreuſe, il eſt vrai, & remplie de courage, mais indiſciplinée, mais partagée par différentes factions ? Les Po-

Ionois pouvoient être formidables ; dans les temps où l'unique force d'une armée confiftoit dans le nombre & l'intrépidité des combattans ; mais dans ce fiecle, qu'on fe bat géométriquement, il faut de la théorie, de la difcipline, & du canon ; & ils n'ont rien de tout cela. Ils ne connoiffent pas plus la Tactique, que nos anciens Chevaliers François connurent la Jurifprudence, lorfque les Lettrés l'eurent embrouillée dans les cahos de la chicane. La Tactique actuelle de l'Europe eft la chicane de la guerre. Il faut qu'ils l'adoptent, ou qu'ils renoncent à fe défendre. Leur politique eft tout auffi en défaut que leur confiftance militaire. Ils aiment mieux avoir leur pays ouvert, que de fortifier leurs villes frontieres ; ils redoutent moins les invafions des ennemis, que l'accroiffement du pouvoir royal, & ils fuppofent que toute ville fortifiée eft efclave de celui qui en paye la garnifon. Par la foibleſſe du pouvoir royal, ils manquent de ce point central de fubordination qui réprime les excès, cimente l'union parmi les Citoyens, la baſe de la durée d'un Royaume; (car l'infubordination conduit à l'anarchie, & cet état eſt celui d'agonie pour un Royaume.) Ils manquent de cette unité de pouvoir qui diſtribue promptement les ſecours en raiſon du beſoin. En temps de guerre, les ennemis peuvent arriver dans le cœur du Royaume, avant qu'on ait délibéré ſur les moyens de les repouſſer. Enfin, la nullité du Peuple retranche à la République ſon plus grand moyen de défenſe & de richeſſes.

Ici les Grands ſont trop puiſſans, le Roi ne l'eſt pas aſſez, & le Peuple eſt trop malheureux ; trois cauſes qui donneront toujours le moyen d'envahir la Pologne à toute Puiſſance qui voudra l'entreprendre. Cependant ce Royaume eſt grand, peuplé & fertile ; c'eſt-à-

dire ; qu'il a tous les moyens naturels
de tenir un rang diftingué parmi les
grands États de l'Europe ; mais il
perfonnifie ce ferpent à fept têtes,
dont chacune veut aller d'un côté dif-
férent, & femblables aux Soldats de
Cadmus, ils fe détruifent les uns les
autres. Je pleure avec fes vrais Pa-
triotes, fur les malheurs actuels de la
République, & fur les plus grands
encore dont elle eft menacée, fi on
n'en change la conftitution *. Ils per-
dront la liberté, en courant après la
licence, & ils ne feront regardés que
comme pays conquis, d'Etat floriffant
qu'ils pouvoient être. Pour éviter l'effet de ma prédiction, il faut 1°. que l'on
confere plus de pouvoir au Roi : 2°.
que les Magnats facrifient leur ani-

_____

* » L'objet des Loix de Pologne (dit le célebre
» Montefquieu) eft de garantir l'indépendance de
» chaque Particulier ; ce qui en réfulte, c'eft l'op-
» preffion de tous «.

mofité réciproque, & une partie du fimulacre de leur grandeur, à l'envie de foutenir leur Patrie : 3°. il faut encore que l'on exerce moins d'op-preffion envers le Peuple ; qu'on l'at-tache à fa patrie par les fentimens de la liberté, de la propriété & de la reconnoiffance. C'eft alors que les Po-lonois paroîtront encore redoutables à leurs voifins. Que faut-il pour qu'ils fe décident à faire ces changemens dans leur conftitution? Il faut qu'ils faffent une réflexion bien fimple, bien naturelle, bien capable de deffiller tous les yeux fur les véritables intéréts de chacun d'eux en particulier. Il faut qu'ils comparent ce qu'ils peuvent être fous un Roi confervateur de leurs pri-viléges, avec ce qu'ils feront effecti-vement fous la domination d'un Con-quérant......, Mon attachement pour cette Nation m'emporte au-delà de mes engagemens envers vous ; je vous ai promis la Relation de mon Voyage

& non un Code de légiſlation. Revenons à notre ſujet.

Les forces actuelles de la République conſiſtent en deux armées : l'une de trente mille hommes, affectée à la couronne ; l'autre eſt celle du grand-duché, compoſée de quinze mille : ſans compter la milice, que l'on appelle ici la *Poſpolite*, qui conſiſte en deux cent mille Gentilshommes à cheval, qui ſont armés, nourris & équipés à leurs propres frais, mais que l'on ne peut tenir raſſemblés plus de ſix ſemaines. Il y a en outre un grand nombre de Tartares au ſervice de la République. Ils avoient comploté de déſerter en corps, dans la nuit du 5 au 6 de Juillet de l'année paſſée (1775), à l'époque du décret de l'Impératrice de Ruſſie, qui ordonna la deſtruction des Saporoges. Le Colonel Koriski, Chef des Tartares de l'Ukraine Polonoiſe, étoit à la tête de cette révolte : le prétexte
qu'ils

qu'ils donnoient, étoit le refus conf-
tant de la République à les affimiler
au corps de la Nobleffe Polonoife.

Comme le Sénat ne s'affemble
qu'extraordinairement, toutes les affaires fe traitent au Confeil permanent,
auquel le Roi préfide. Ce Confeil eft
divifé en cinq Départemens ; celui des
Affaires étrangeres, de la Police, de
la Guerre, de la Juftice, & du Tréfor.

Depuis peu, on a obligé le Clergé
à contribuer aux charges de l'État. Il
y avoit autrefois deux Archevêchés
en Pologne ; l'un à Gnefne, & l'autre
à Léopold Oulemberg : mais ce dernier eft à préfent dans les États de
l'Empereur. Vous favez qu'outre le
Siége Archiépifcopal Catholique &
Apoftolique, il y a encore à Lem-
berg, un Archevêque Arménien, &
un Evéque Grec, fuffragant du Pa-
triarche de Conftantinople. L'Archevêque de Gnefne eft Primat du

G

Royaume & Légat-né du Saint Siége ; il gouverne l'Etat pendant l'interregne. Il y a en outre dix-huit Evêchés. Le Roi nomme à toutes les places du haut Clergé, ou, pour mieux dire, quand une de ces places eft vacante, le Confeil permanent préfente trois fujets, & le Roi eft obligé d'élire un des trois.

Toutes les Religions font tolérées ; mais la Catholique eft celle du Gouvernement. Le Peuple prie avec tant de ferveur, qu'il eft impoffible d'entendre le Prêtre qui célebre la Meffe : les uns foupirent, les autres fe donnent des coups de poing ; & tous à la fois pendant l'élévation, ils frappent de la tête contre le pavé de l'Eglife.

On compte plus d'un million de Juifs répandus dans le Royaume ; ils font une grande partie du commerce. Ils tiennent les auberges fur les grandes routes ; ils font plus fales & plus dégoûtans que par tout ailleurs, & ils y

font encore plus méprifés. Ils ne peuvent laiffer aucune marchandife à Cracovie, fous peine de confifcation; &
il leur a été défendu par Ordonnance
du Grand-Maréchal de former aucun
établiffement à deux lieues à la ronde
de la capitale, malgré la protection
ouverte que leur accordoit le Prince
Sulkowski, Maréchal du Confeil permanent. Le Peuple les perfécute, &
les accufe d'être les auteurs des tem-
pêtes & autres malheurs qui arrivent à
la République. Vous favez que le fa-
natifme fut toujours en raifon inverfe
des lumieres, & les Polonois font
peut être plus reculés du côté des connoiffances, que les Caraïbes. J'entends
le bas peuple. Ces pauvres malheureux
n'ont aucune idée de propriété ni de
liberté. Affaiffés fous le poids de la
plus affreufe mifere, à peine font-ils
des machines dont les Seigneurs fe
fervent cinq jours de la femaine pour
cultiver leurs terres; le travail du

fixieme doit fournir à les fubftanter pendant les fept jours : le Dimanche ils fe foûlent avec de l'eau-de-vie de biere ou d'hydromel ; & c'eft ainfi qu'ils paffent leur vie. Les Seigneurs ont droit de vie & de mort fur eux, & les richeffes immenfes dont ils regorgent, fruit des fueurs & du fang de leurs vaffaux, fe diffipent en fuperfluités, ou à fomenter des divifions dans leur patrie. Les plus heureux font ceux qui viennent fe ruiner à Paris.

On a déjà fait l'ouverture de la Diete; je vous expliquerai dans ma prochaine Lettre ce que c'eft que cette affemblée, & je vous ferai part de ce qu'on y aura traité de plus remarquable. Adieu, mon cher Ami, je defirerois bien vous voir : mais je préférerois vous embraffer à Varfovie plutôt qu'à Paris, tant ce féjour me plaît.

Je fuis, &c.

A Varfovie, ce 10 Septembre 1776.

LETTRE XVI.

AVANT de vous parler de la Diete, je veux vous faire connoître Varfovie. La ville, proprement dite, eft une petite horreur ; elle n'a de remarquable que le palais du Roi, encore fon architecture eft fi fimple & fi ancienne, que le moindre hôtel à la moderne a plus d'apparence. Ce qu'il a de plus beau, c'eft fon expofition fur le bord de la Viftule. Mais en revanche, les fauxbourgs font grands, ornés de beaux hôtels, & percés de belles rues : on en rencontre par fois qui ne font pas pavées; celles-là font très-incommodes pour les piétons en temps de pluie, à caufe de la boue ; & dans les temps fecs pour la pouffiere. En fortant de la ville par la porte du fauxbourg de Cracovie, on voit une colonne de marbre qui porte

G iij

la ftatue du Roi Sigifmond III. Je ne fais point de quelle matiere eft la ftatue : elle eft dorée , & tient une croix d'une main , & une épée de l'autre. C'eft ainfi que l'on repréfente Saint Dominique prêchant la Croifade contre les Albigeois.

Le palais de Saxe , dans le même fauxbourg, eft un des plus beaux de l'Europe. Il me paroît un peu écrafé ; il eft entre cour & jardin. La cour eft immenfe ; on y entre par trois rues , & elle pourroit fervir de place d'armes à toute la garnifon. Le jardin eft le rendez-vous de tout ce qu'il y a de beau monde dans la ville , pendant les belles foirées d'été. Il eft plus grand que celui du Palais Royal à Paris ; la diftribution en eft à-peu-près la même. Il n'a point de baffin dans le milieu ; & il eft terminé par une galerie placée en face du château, & qui forme une fuperbe perfpective de quelque côté qu'on la regarde. Les deux extrémités de la Galerie font deux fallons, dont l'un fert de café, & l'autre de falle de concert. On defcend de là par une double rampe de gazon, dans un fort beau quinconce, d'où on fort du jardin.

Ce palais appartient à la maifon de Saxe; il fut bâti par l'Electeur Augufte, Roi de Pologne. Il eft gardé par un détachement de Dragons Saxons. Il y a encore à Varfovie un beau jardin attenant au palais de la République: mais il eft peu fréquenté. Le nombre des beaux hôtels eft confidérable. Celui du Prince Poninki, le palais du Prince Palatin de Ruffie, autrement dit le Palais Bleu; ceux de Meffieurs les Grands-Généraux, du Grand-Maréchal, des Princes Jablonoski, Sangoski, Potocki, Radzivil, &c. méritent d'être remarqués. C'eft chez ce dernier qu'eft la falle de Comédie. Mais on affure qu'il va en faire conftruire une bien plus grande, &

d'après les deffins d'un habile Archi-
tecte. Je ne doute pas que fi les Polonois ont encore quelques années de
paix, Varfovie ne devienne une des
plus belles villes du monde ; car les
Seigneurs commencent à prendre du
goût pour ce féjour : ils font très-
riches, & ne regrettent pas la dépenfe ;
avec ces deux qualités, on peut faire
beaucoup de belles chofes en fort
peu de temps. Les églifes y font belles
& en grand nombre; les cafernes méritent l'attention des voyageurs. La
campagne des environs eft magnifique
& très-riante. Le Roi fait bâtir un
château de la plus belle apparence à
un mille de la ville ; la façade principale eft tournée du côté de la Viftule.
On defcend de-là au Pavillon des
Bains de Sa Majefté. Ce lieu s'appelle
L..... C'eft une petite maifon dans
un parc coupé d'efpace en efpace par
des foffés remplis d'eau. Tout ce que
la Nature la plus riante, aidée par le

goût le plus exquis, peut créer de plus agréable, fe trouve dans ce charmant féjour. Le Roi l'aime fi fort, qu'il va s'y promener à cheval prefque tous les jours.

Ce Prince eft de la plus belle apparence poffible : il a, comme on dit vulgairement, une mine de Roi; il eft grand, bien fait, un peu brun, des yeux vifs, des fourcils noirs, le nez un peu aquilin; enfin, tous fes traits font bien deffinés, & il joint à toutes ces qualités extérieures celles, plus effentielles encore, du cœur & de l'efprit. Sa naiffance eft des plus illuftres; fon pere étoit ce Général Poniatowski, toujours attaché à la fortune de Charles XII, & qui fuivit ce Prince dans fa retraite à Bender. Sa mere (je crois vous l'avoir déjà dit) étoit une Princeffe de la maifon de Czatorinski. Comment, avec tout ce que je vous dis d'avantageux de ce Prince, vous perfuaderez-vous qu'il ait

G v

été perfécuté, fans croire que les Polonois font les hommes du monde
les plus méchans? Non, mon ami, ils
ne le font point; c'eft une juftice que
leur rendent toutes les Nations. Mais
ils ont le caractere républicain. Ils font
braves, généreux, mais fiers. Peut-
être quelques Seigneurs fe déclarerent
contre le Roi, par motif de jaloufie;
mais le plus grand nombre, fans lui en
vouloir perfonnellement, ne prirent
parti contre lui que par attachement,
bien ou mal entendu, à la conftitution
de leur pays; ils fe récrierent contre
fon élection, parce qu'ils prétendirent
que tous les Nonces n'avoient pas eu
la liberté des fuffrages. Ils fe récrierent
encore, fur ce que l'Impératrice de
Ruffie avoit trop influé dans le choix
que l'on fit du Comte Poniatowski,
non par une fimple recommandation,
mais par une armée confidérable qui
campoit aux portes de Varfovie, &
qui, venue fous le prétexte de main-

tenir le bon ordre, vint au contraire pour enchaîner leur liberté. Mais enfin les uns & les autres n'ont bien connu ce Prince que depuis qu'il eſt ſur le trône. Combien il a acheté cher ce ſuprême dégré d'élévation! Abandonné de ſes plus proches, trahi par ceux qu'il avoit comblés de bienfaits, on a cherché à l'aſſaſſiner, à l'empoiſonner; une confédération, dans un délire fanatique, a déclaré le trône vacant. Il a beaucoup ſouffert, il a tout ſurmonté, il a tout pardonné...., Je ne tarirois jamais, ſi j'entreprenois l'éloge de ce Monarque, pour qui je ſuis pénétré d'amour & de vénération. Il a rendu ſon amitié & ſa confiance à tous ceux qui ſont rentrés dans leur devoir.... & je ne doute point que l'Hiſtoire ne le place au rang des meilleurs Princes. M. l'Abbé Poczobut a déjà placé ſes armes * parmi les conſtellations du fir-

___

* Les armes de Poniatowski ſont un taureau. La

mament, en donnant le nom de Taureau Royal de Poniatowski à une cer-
taine quantité d'étoiles, dont la confi-
guration est semblable à celle du Taureau Zodiacal.

Le Roi institua en 1765 un Ordre
de Chevalerie en l'honneur de Saint
Stanislas son Patron. La décoration de
cet Ordre est un grand ruban ponceau
lizeré de blanc, que les Chevaliers
portent de droite à gauche, & auquel
pend une croix d'or émaillée de rouge
fur chaque face de la médaille; il y a
l'Aigle blanc de Pologne, dont le mi-

---

constellation dont il s'agit fut proposée aux Astro-
nomes en 1776 par M. l'Abbé Poczobut. L'espace du
ciel renfermé entre le Serpent, l'Aigle, la tête &
l'épaule gauche d'Ophincus présente une dixaine d'é-
toiles assez belles, que l'on voit à la vue simple, qui
n'appartenoient à aucune constellation, & auxquelles
on n'avoit donné aucun nom. Il y en a une entr'autres de la quatrieme grandeur qui passe 16′ 43″ de
temps après B d'Ophincus, & presque sur le même
parallele ; c'est celle que M. Poczobut appelle Q du
Taureau Royal de Poniatowski. *Vide Encyclopédie,
Taureau Royal.*

lieu, décoré d'une croix verte, repréfente d'un côté l'effigie du Patron de l'Ordre en habits pontificaux, & de l'autre, le chiffre du Roi.

Les Chevaliers portent en outre fur le côté gauche de la poitrine, une plaque d'argent autour de laquelle eft une guirlande, fur laquelle font ces mots: *Præmiando excitat.* Au milieu eft l'effigie du Monarque en couleur rouge.

Il y a encore en Pologne un autre Ordre de Chevalerie, & que vous avez pu voir à Meffieurs de Chevert & de Montazet, tous deux Lieutenans-généraux en France. C'eft celui de l'Aigle blanc; le ruban en eft bleu & liferé de blanc, la plaque eft en broderie d'or. Les Polonois portent les cordons des Ordres dont ils font décorés, par-deffus leurs habillemens.

Il y a dans le fauxbourg de Cracovie l'Ecole des Cadets-Gentilshommes. Le plan d'éducation qu'on y fuit me paroît le plus avantageux que l'on puiffe donner à des Eleves qui fe deftinent au Militaire. L'étude des langues n'y eft pas oubliée, & les Polonois ont une facilité étonnante pour bien parler celles de toutes les Nations. La leur eft un dialecte de l'Efclavonne, mais bien plus difficile.

Ce feroit fans doute ici le cas de vous faire connoître toute la Cour; mais ce détail qui feroit bien long ne vous apprendroit pas quelque chofe de très-utile à un François; au furplus je vous envoie un Almanach qui pourra pleinement fatisfaire votre curiofité à ce fujet. J'ajouterai feulement que le Roi a deux freres & deux fœurs. L'un eft Grand-Chambellan; l'autre eft Evêque de Ploko & Coadjuteur de Cracovie. Les deux fœurs de Sa Majefté fort veuves; l'une du Comte Branicki Caftclan de Cracovie, premier Senateur féculier, &c; l'autre d'un Officier général au ſervice de l'Empereur.

L'uniforme eſt l'habit le plus décent qu'on puiſſe porter ici : le Roi ne le quitte jamais ; il eſt vêtu à la Françoiſe, ainſi que la plupart des Seigneurs : ceux ſur-tout qui ont voyagé ſont mis de même. L'habillement des Polonois eſt pourtant bien plus noble. Sur une longue veſte, qui deſcend au-deſſous des genoux, ils mettent une robe longue avec des manches à la Jéſuite. Ils portent des culottes fort larges & des bottes. Ils ſe piquent d'avoir une belle mouſtache. Ils ſe font raſer les cheveux, & portent un bonnet de quelque riche étoffe au lieu de chapeau.

Beaucoup de gens m'ont aſſuré que le Pape avoit condamné les Polonois à porter pendant cent ans la tête raſée en expiation du crime du Roi Boleſlas qui avoit aſſaſſiné Saint Staniſlas ; & que, par habitude autant que par commodité, ils en avoient conservé l'usage. .... Cela paroît assez vraisemblable ; car nous savons qu'anciennement on se faisoit couper les cheveux, en signe d'affliction ou de pénitence. Cependant il paroît plus naturel de croire qu'ils ne se font raser la tête que pour, éviter une maladie cruelle qu'on appelle la *plica*, qui se manifeste sur les cheveux en les mêlant d'une maniere extraordinaire; il seroit impossible dans cet état de les démêler, & plus dangereux encore de les couper. Un François, que j'ai vu attaqué de cette maladie, voulut, malgré qu'on lui en dît, se faire raser : aucun Barbier ne voulut le satisfaire ; mais il coupa lui-même ses cheveux avec des ciseaux, ensuite il y passa le rasoir : le résultat de cette opération fut une paralysie universelle. Dans la haute Pologne, tous les gens du Peuple ont la *plica*, parce qu'ils n'ont pas l'attention de se raser la tête aussi souvent qu'il le faudroit; on voit pendre pardeffous leur bonnet des meches de cheveux qui ont la dureté d'un bois flexible. Rien au monde n'eft plus dégoûtant.

On prétend que le feul moyen d'éviter cette maladie, c'eft d'avoir foin de décraffer & de parfumer tous les jours fes cheveux; c'eft auffi ce que font toutes les Dames, qui, par fois, n'en font pas exemptes. D'autres prétendent que les eaux du pays donnent la *plica*. Si ce fentiment étoit vrai, elle feroit plus commune chez les gens de condition, & moins fréquente chez ceux du Peuple, qui paffent fouvent leur vie fans boire un verre d'eau. L'expérience pourtant prouve le contraire...... Ma Lettre eft déjà trop longue pour que je puiffe vous parler de la Diete; ce fera pour la prochaine.

Je fuis, &c.

LETTRE XVII.

On appelle Diete la convocation des
Etats généraux. La Nobleſſe de chaque
Palatinat & diſtrict y eſt repréſentée
par des Nonces. Les Sénateurs du
Royaume y ont féance de droit ; &
les Membres du Conſeil permanent y
aſſiſtent pour y rendre compte de leurs
opérations pendant l'intervalle d'une
Diete à l'autre.

Depuis le milieu du dernier fiecle,
les Polonois ont adopté le *liberum
veto* des Romains ; c'eſt-à-dire, que
l'oppoſition d'un ſeul Nonce rend nulles
les délibérations adoptées par tous les
autres. Alors on met le ſabre à la
main, dans la ſalle même de l'aſſem-
blée : ſi l'oppoſant a un parti, il ſe
défend ; s'il eſt ſeul, il cherche à
éviter par une prompte fuite la mort
dont il eſt menacé de toute part, &

qui eſt néceſſaire pour rendre nulle ſon oppoſition. Ce beau droit, qu'ils appellent *unicum & ſpecialiſſimum jus cardinale*, peut être regardé comme une ſource principale de leurs diviſions. On peut cependant obvier à cet abus, en tenant la Diete ſous le lien d'une confédération générale ; alors les affaires ſe décident à la pluralité des voix: & c'eſt ſous cette forme qu'on tient celle de cette année, & qui a commencé aux premiers jours de Septembre. Chaque État, celui de Pologne, & celui de Lithuanie, a nommé un Maréchal de la Confédération. Les ſuffrages ſe ſont réunis en faveur du Général Mokranowski pour le Royaume ; & le Comte Oginski, Grand-Secrétaire du Duché, a été élu Maréchal de cet Etat. Ces Officiers jouiſſent dès-lors de toute l'autorité, des droits, priviléges, &c. des Dictateurs de l'ancienne Rome. Tout pouvoir réſide en eux ; & étant l'ame de toutes les délibérations, ils peuvent à leur gré faire beaucoup de bien ou de mal. Vous pourrez juger des intentions de Meſſieurs les Maréchaux actuels, par le diſcours que je vous envoie du Général Mokranowski. Une armée Ruſſe campe aux portes de la ville ; les Gardes de M. l'Ambaſſadeur de Ruſſie & du Général Romanius * ont été doublées; on a établi une grand-garde dans tous les quartiers de la ville, & on a envoyé des détachemens des troupes de cette Nation à toutes les Diétines pour veiller à leur tranquillité. Les Diétines ſont les aſſemblées particulieres des diſtricts qui éliſent leurs repréſentans à la Diete générale. Pluſieurs de ces aſſemblées ont été orageuſes, & il y a eu bien du ſang répandu. La Diete générale, au contraire, a été fort tranquille. Meſſieurs les

---

* Ce Général eſt Commandant de toutes les troupes Ruſſes qui ſont en Pologne.

Grands-Généraux n'ont pas vu fans peine qu'on alloit travailler à diminuer leur pouvoir; mais ils ont cependant prêté ferment de fidélité à la Diete générale. Le Comte Rzewuski, Sous-Général de la Couronne, fe diftingua d'abord par un difcours qui fe reffentoit du délire des dernieres Confédérations, & que plufieurs ont honoré du nom *d'efprit patriotique porté au plus haut période*. Ce n'a pas été fans beaucoup de peine qu'on l'a fait réfoudre à fuivre l'exemple de Meffieurs les Grands-Généraux.

Le Confeil permanent à été revêtu d'un plein pouvoir. La conftitution porte que tous les Citoyens de quelque rang, dignité ou condition qu'ils foient, feront fubordonnés à ce Tribunal, auquel le Roi préfide. Cet article, qui a paffé à la pluralité des voix, a pourtant trouvé beaucoup d'oppofans. Ce Tribunal eft compofé de trente fix Membres; il eft divifé, comme je vous l'ai déjà dit, en cinq départemens. Le Roi a donné une preuve bien convaincante de son désintéreffement & de fon amour pour l'ordre. Ayant remarqué que malgré les taxes établies dans la diete précédente, & que l'on croyoit fuffifantes pour entretenir une armée de trente mille hommes, la dépenfe avoit excédé de douze millions la recette, quoique l'armée n'ait pas été effectuée, Sa Majefté a fait la remife d'une partie de la penfion que lui fait la République, & a propofé que tous les grands Penfionnaires de l'État fuiviffent fon exemple; en conféquence de cet avis qui fut adopté, les appointemens de Meffieurs les Grands Généraux, du grand & du petit Tréforier ont été diminués de moitié : les trois premiers jouiffoient annuellement de cent vingt mille florins chaque; le dernier en avoit quatre vingt mille. M. le Grand Chancelier a renoncé pour lui & pour fes fucceffeurs aux

émolumens attribués à la Chancellerie.
M. le Grand-Maréchal n'avoit pas
attendu cette époque pour faire un
abandon des revenus attachés à sa
charge; mais cet exemple de désinté-
reſſement n'avoit pas eu beaucoup d'i-
mitateurs juſqu'à ce jour. Ce Seigneur
s'appelle le Prince N. Lubomirski ;
Madame ſon épouſe eſt de l'illuſtre
maiſon de Czatorinski: l'un & l'autre
jouiſſent de la plus haute conſidération.

M. l'Evêque de Wilna a fait éclater
ſon patriotiſme en cette occaſion ; il a
renoncé à des ſommes immenſes que
lui devoit la République : enfin jamais
diete n'a eu plus de ſuccès que celle-ci,
& jamais auſſi on ne s'y étoit occupé
avec plus de zele du bien public. On a
caſſé toutes les gratifications que la
derniere diete avoit aſſignées avec trop
de prodigalité. On a retranché à Meſſieurs les Grands-Généraux le mouvement des troupes, l'expédition du rôle
de leur ſolde, le jugement en dernier

reſſort des différends ſurvenus entre Militaires, & on a attribué tous ces droits au département de la guerre. Mais le coup auquel ils doivent être encore plus ſenſibles, c'eſt la nomination à tous les grades militaires, qu'on leur a ſouſtraite, & qu'on a donnée au Roi. Les priviléges qu'ils avoient ci-devant, leur attachoient toute la Nobleſſe, & les faiſoient jouir d'une autorité qui portoit beaucoup d'ombrage à celle du Roi. On a réformé beaucoup d'autres abus, & on a réſolu de faire rédiger un nouveau Code de Loix. M. le Comte Zamoïski, ancien Grand-Chancelier de la Couronne, a été prié de ſe charger de ce travail. Tant de réformes & de bonnes opérations n'ont pu ſe faire dans l'eſpace de quarante-deux jours, temps preſcrit par l'uſage : auſſi de l'avis de tous les Nonces, on a prolongé la diete, & ſa tenue a été de dix ſemaines. On a accordé le droit d'indigénat au Comte

de

de Sacromofo pour lui & pour fes def-
cendans, en récompenfe des fervices
que fon frere le Bailli a rendus à la
Nation. Le Bailli eft Ambaffadeur de
l'Ordre de Malthe auprès du Roi &
de la République de Pologne : il a eu
beaucoup de difficultés pour allier les
intérêts de fon Ordre avec la volonté
des Polonois ; & il n'en eft venu à
bout qu'en modifiant en faveur des
Chevaliers de cette Nation la rigidité
des Statuts de Malthe. Il eft permis ici
à tous les Chevaliers de fe marier ; &
s'ils ont eu des Commanderies, elles
paffent fur la tête de leurs enfans, s'ils
font reçus Chevaliers. Au lieu de cara-
vanes, ils font tenus de faire des
courfes fur les terres des Infideles,
lorfque le Grand-Maître l'exige. Les
Polonois vouloient que les Commanderies fuffent à perpétuité dans leurs
familles, même au défaut d'hoirs mâles ;
mais le Bailli de Sacromofo a fait ré-
gler que, dans ce dernier cas, elles

H

feroient à la nomination du Grand-
Maître : elles font toutes de douze
mille florins de rente; elles ont été
prifes fur les revenus de l'Ordinatie
d'Oftrog. Le Grand-Prieur & le Bailli
ont trois fois le revenu des Comman-
deurs. Le Prince Poninski, Grand-
Tréforier de Pologne , eft Grand-
Prieur de cet Ordre.

Meffieurs de Rewicky, de Stakelberg & Benoît , Miniftres des Cours
de Vienne , de Péterfbourg & de Ber-
lin, ont reçu la croix de Malthe des
mains de M. de Sacromofo, en récompenfe des fervices qu'ils ont rendus
à la Religion. Je crois que M. de Stakelberg fuit le rit Grec ; M. Benoît
eft Proteftant.

Je fuis , &c.

Du 20 Octobre 1776.

LETTRE XVIII.

DEPUIS ma derniere Lettre, mon cher, j'ai fait une courſe dont je dois vous rendre compte. J'ai accompagné juſqu'à Dantzik un de mes amis qui ſert en Dannemark, que l'occaſion de la diete avoit attiré à Varſovie, & qui eſt retourné à Copenhague. Nous avons fait ce voyage ſur la Viſtule, à la vérité, il eſt un peu plus long de cette maniere ; mais infiniment plus agréable que d'aller par terre : car les chemins ſont affreux dans toute la Pologne. Un autre objet de déſagrément pour un voyageur, c'eſt l'obligation de porter dans ſa voiture, non - ſeulement des munitions de bouche, mais encore les uſtenſiles de cuiſine. Vous vous perſuaderez bien ſans peine que l'on ne trouve pas des lits dans des auberges où il n'y a pas de marmite. Ainſi c'eſt

H ij

encore une précaution que doivent prendre les voyageurs, d'emporter au moins un matelas avec des draps, fous peine de coucher fur de la paille, prefque toujours fort fale. La raifon que l'on donne de cette difette dans toutes les auberges, c'eft le droit qu'avoient les Nobles Polonois de voyager dans toute l'étendue des États de la République, fans qu'ils euffent à payer la moindre chofe aux perfonnes chez qui il leur plaifoit de féjourner. C'étoit ainfi que le Peuple payoit la capitation, & que les pauvres Gentilshommes prenoient l'état de voyageur, comme on prend ailleurs celui de l'Épée, de la Robe, ou tout autre.

La feule ville remarquable que j'aie vue dans ma traverfée eft Thorn ; elle eft Anféatique, & fameufe peut-être autant par la naiffance de Copernic, que par différens fiéges qu'elle a eu à foutenir ; entr'autres contre Charles XII Roi de Suede. Elle a été bâtie par les

Chevaliers de l'Ordre Teutonique en 1234. Elle a un fort beau pont fur la Viftule.

J'ai paffé auffi au pied de Culm, fiége d'un évêché ; cette ville m'a paru n'être qu'une bicoque.

Dantzik eft fort grand, bien fortifié & très-peuplé. Sa pofition fur la Viftule qui fe dégorge dans la mer Baltique, à trois milles de la ville, la rend une des plus commerçantes de l'Europe. On l'appelle communément le grenier de la Hollande, parce que c'eft de fes magafins que les Hollandois tirent leur bled ; les Dantzikois achetent à un certain prix invariable tout celui de la Pologne. Ce marché borne pour toujours le commerce & les gains que pourroient faire les Polonois fur cette denrée.

La Religion Luthérienne eft celle du Gouvernement ; les Catholiques y ont des églifes, & les Calviniftes des temples. La ville fe gouverne par fes

propres Magiſtrats , ſous la protection
de la Pologne. Elle a toujours un Secrétaire à Varſovie qui veille à ſes.in-
térêts. Elle a droit d'envoyer des Députés à la diete générale ; mais dans
la crainte qu'on ne les corrompît , le
Conſeil avoit d'abord réſolu de ne pas
en envoyer à celle qui vient de ſe tenir.
Le Secrétaire devoit ſimplement faire
part aux Magiſtrats des délibérations
qui pourroient intéreſſer leur ville.
Cependant la députation a eu lieu ; elle
étoit compoſée d'un Bourguemeſtre ,
d'un Sénateur du petit Conſeil, de deux
Echevins, & de quelques perſonnes de
la troiſieme claſſe.

Les rues ſont belles & fort propres.
La grande place eſt ornée d'une fontaine qui repréſente un Neptune de
bronze. L'arſenal eſt grand , & bien
entretenu. La plupart des Puiſſances
maritimes de l'Europe ont un Miniſtre
ou Réſident à Dantzik : celui de France
s'appelle M. de Pons ; il eſt neveu &

digne éleve du célebre Abbé de la Ville.

On pêche de l'ambre jaune depuis Dantzik jufqu'à Mémel, au profit du Roi de Pruffe. On prétend que les revenus de cette pêche font immenfes. Ceux de la douane ne lui rapportent pas moins. Par le Traité de commerce du mois de Mars 1775, les Polonois peuvent vendre toutes les marchandifes de leur crû, dans tous les États de ce Monarque, en payant deux pour cent; mais quand ils veulent trafiquer avec l'Etranger, par les États de ce Roi, ils font obligés alors de payer douze pour cent, tant pour les objets d'importation que pour ceux d'exportation. Dantzik eft enclavé de toutes parts dans les États du Roi de Pruffe, depuis le partage de la Pologne. Ce voifinage donne beaucoup d'inquiétude à cette ville, par la crainte de perdre quelque jour la liberté. Je n'y ai pas fait un bien long féjour. Ne pouvant remonter le fleuve comme je l'avois descendu, je suis revenu en poste à Varsovie, & tout d'une traite. J'avois fait quelques provisions de bouche en partant, pour éviter les perfides auberges du pays. A une demi-lieue de cette capitale de la Pologne, on voit une petite maison & un superbe jardin appartenant à M. l'Ambassadeur de Russie. Ce lieu se nomme Vola ; il n'est pas éloigné du Kolo , qui est un champ en rase campagne où se tient la diete, lorsqu'il s'agit d'élire un Roi. Au milieu de ce champ, on forme une espece de halle , que l'on appelle Czopa , ou Salle d'élection. C'est-là que s'assemble le Sénat ; les Nonces font à cheval autour du Czopa. Il est rare que ces dietes d'élections se terminent sans beaucoup de tumulte ; elles font convoquées par ordre du Prince Primat.

J'ai assisté hier au second mariage d'une femme dont le premier mari est encore vivant. Le divorce eſt aſſez commun dans ce pays parmi les per-ſonnes riches ; car on fait payer cher la permiſſion de commettre un adul-tere. D'ailleurs, les Loix du Royaume portent une peine terrible contre ceux qui ſont convaincus de ce crime. L'homme adultere doit être cloué con-tre une muraille, par l'inſtrument de ſon péché : à côté de lui, on pend un raſoir, dont il peut faire l'uſage que bon lui ſemble pour ſe procurer la liberté. Depuis que ce crime eſt plus commun, la punition eſt plus rare, & on le traite ici ſur-tout très-légère-ment.... Le Code pénal de Pologne a cela de bon & de particulier, que la punition eſt toujours analogue au crime, quoique ſouvent ſans propor-tion. Tel eſt l'exemple que je viens de citer, & les ſuivans. On arrachoit les dents à ceux qui mangeoient gras en Carême. Un homme convaincu de ca-lomnie étoit obligé de marcher ſur quatre pattes, & d'aboyer pendant un certain temps, dont la durée étoit en raison du tort qu'il avoit voulu faire à son prochain.

D'après les connoissances que j'ai prises, & que je tâche d'augmenter tous les jours sur ce Royaume, j'ai déjà ébauché le canevas d'un petit Ouvrage dont je vous enverrai une copie aussi-tôt qu'il sera fini. Il pourroit avoir pour titre : *Essai sur la Pologne.* Il sera divisé en quatre chapitres. Le premier contiendra la Pologne, telle qu'elle a été ; le deuxieme, la Pologne, telle qu'elle est ; le troisieme, la Pologne, telle qu'elle sera ; le quatrieme, la Pologne, telle qu'elle pourroit étre. Je suis Historien dans les deux premiers chapitres ; on me taxera de Prophete de malheur dans le troisieme. Dans le quatrieme, j'indiquerai (autant que mes foibles lumieres pourront le permettre) les moyens de rendre à ce Royaume le rang qu'il doit occuper à côté des grands États d'Europe, & de jouir dans l'intérieur du Royaume de cette parfaite tranquillité que l'on doit regarder comme la bafe fondamentale de la durée d'un État. Je ne vous écrirai plus, mon cher, que je ne vous envoie mon Difcours; j'efpere pouvoir vous apprendre en même temps que j'aurai obtenu de l'emploi.

Je fuis, &c.

F I N.

VERS pour le portrait de M. Dauberval,
danseur de l'Académie royale de Mu-
sique.

C'est Zéphire amoureux qui veut caresser
　　Flore,
C'est un satyre ardent & bouillant de desir,
Il poursuit tendrement la nymphe qu'il adore,
　　Et fait briller les éclairs du plaisir ;
C'est Momus, folâtrant au jardin de Cythère,
　　C'est Jupiter pour un rival.
　　Cupidon croit l'avoir pour frère,
　　A l'opéra c'est Dauberval.

A M. le Comte de Korguen, jeune homme
destiné au service, en lui faisant le pré-
sent des trois volumes des Elémens de la
Poësie Françoise.

Les Muses dans les camps ne sont plus étrangè-
　　res ;
　　Leurs graces vives & légères
　　S'animent au bruit du canon ;
Les élèves de Mars assiégent l'Hélicon :

dir davantage ce misérable mystère, &
accordez-moi votre bienveillance &
Sophie.

DORIMON. Soit; mais un peu plus de
respect pour mes antiques.

SÉLICOURT. Je vous promets de me
faire violence.

DORLY (*à part.*) Fort bien!

ORPHISE. Ne calomniez plus mes bâtimens.

SÉLICOURT. Je n'en dirai pas un mot.

DORLY (*à part.*) Il est incorrigible.

SÉLICOURT. Et vous, belle Sophie, ne
ferez-vous qu'obéir?

SOPHIE. J'obéirai, du moins, volontiers; mais plus de sincérité qui humilie.

SÉLICOURT. Et vous, plus de dissimu-
lation qui inquiète.

DORIMON. Allons, mon gendre,
soyez à l'unisson des autres hommes,
puisque vous prétendez vivre parmi eux.
Vous dites fort souvent des vérités; mais
l'expérience & certain proverbe ont dû
vous apprendre que *toute vérité n'est pas
bonne à dire.*

Par M. de la Dixmerie.

www.ingramcontent.com/pod-product-compliance
Lightning Source LLC
Chambersburg PA
CBHW072016080426
42733CB00010B/1723